AF411137

Seigneur que tes œuvres sont grandes!
l'homme brutal ne les connoîtra point, et le sot
n'entendra point telles choses Ps. XCII.
V. 6. 7.
P. Aveline inv.
J. Flipart maj. Sculp.

# HISTOIRE NATURELLE

## *DE L'ISLANDE,*

## DU GROENLAND,

## *DU DETROIT DE DAVIS,*

Et d'autres PAYS situés sous le NORD,

### *TRADUITE DE L'ALLEMAND*

De M. ANDERSON, de l'Académie Impériale, Bourg-mestre en Chef de la Ville de Hambourg.

*Par M**, de l'Académie Impériale, & de la Societé Royale de Londres.*

## TOME PREMIER.

## A PARIS,

Chez SEBASTIEN JORRY, Imprimeur-Libraire, Quai des Augustins, près le Pont S. Michel, aux Cigognes.

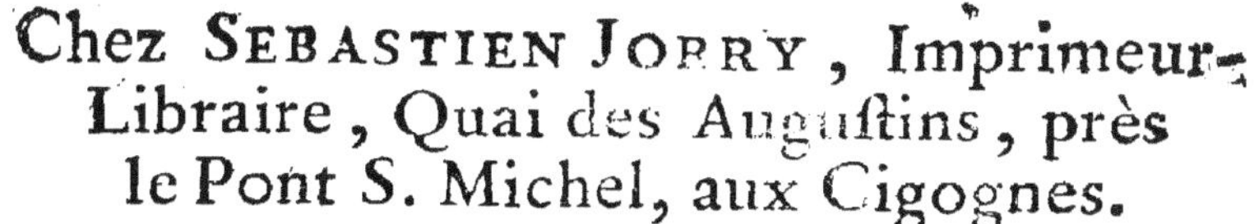



## M. DCC. L.

*Avec Approbation & Privilége du Roi.*

# PRÉFACE

## DU

## TRADUCTEUR.

DE toutes les Connoiſ-
ſances, que l'Eſprit
humain cultive, je n'en
ſçais point de plus di-
gne de lui, ni de plus ſatisfaiſante
pour ſon amuſement que l'Hiſtoire Naturelle des différentes Parties de la Terre que nous habitons.
Cette Etude devient plus inte-
reſſante, à meſure que la Nature
varie ſes routes & s'éloigne de celles qu'elle tient dans les Pays
que nous habitons.

*Le Nord, que le Vulgaire regarde comme la Partie la plus négligée du Globe Terreſtre, eſt ſans contredit le Théâtre le plus brillant de ſes Opérations. Une certaine uniformité dans l'Air & le Climat des Zones Tempérées la diſpenſe de bien des ſoins, & les Créatures vivent ſans qu'elle ſe mette en frais pour les conſerver. Elle ne jouit pas du même avantage dans les Pays ſitués vers le Pole, qui ſeroient bientôt dépeuplés, ſi elle s'endormoit ſur la poſition dangereuſe de ſes Habitans. La rigueur du Climat exige ſon activité, & elle ſe trouve dans les cas de flotter continuellement entre les inconvéniens & les remédes.*

*Ce même ſoin extraordinaire, qui veille pour la conſervation des hommes, ſe manifeſte auſſi pour toutes les eſpeces. Rien n'eſt ſi*

étonnant que l'Œconomie Animale dans le Nord. Ses Mers font
remplies de merveilles inconnuës
dans nos Climats. Le Pole même
est le fiége de tous les Monstres Marins, & ses Gouffres inaccessibles
font le Magazin des gros & petits
Poissons qui peuplent les Mers.

Si nous tournons nos yeux du
côté de la Terre, & de son Atmos-
phére, nous n'y verrons que du
merveilleux & des objets que personne ne préfumeroit dans un pareil Climat. Des Lacs brûlans,
des Sources chaudes, des Incendies
de Terre, des Volcans, des Ruisseaux de feu coulans dans des lits
de glaces, des Orages terribles
dans le fort de l'Hiver, un Ciel
enflammé toutes les nuits par des
Aurores Boréales, des Parrhélies, Feux Follets &c. En un
mot, il femble que la Nature foit
reduite dans cette extrémité du

*Globe à faire des efforts furpre-
nans & presque continuels pour
maintenir fon terrain en faveur de
ce qui y vit ou végéte.*

*Jusques à préfent l'instruction
nous a manqué fur ces Merveilles
du Nord. Les Habitans du Pays,
qu'une indolence nationale con-
fine dans leurs limites, ne viennent pas nous apprendre ce que
la Nature opére chez eux. Le peu
d'expérience qu'ils ont de ce qui
se passe ailleurs les met hors d'é-
tat de distinguer le singulier du
général, & quand ils voudroient
en informer les autres Peuples,
ils ne font pas plus capables de
les observer.*

*Ceux que l'interêt ou le besoin
determine à risquer ces Voyages
ne pensent guéres à l'Histoire Naturelle. Ils ne quittent presque
point la Mer, & si par hazard ils
abordent à quelque Côte, ils n'ont*

ni le temps ni la capacité de s'inftruire fur la Nature du Pays, à
moins que leurs recherches ne
foient excitées & dirigées par des
Perfonnes curieufes & éclairées
dans l'Hiftoire Naturelle, qui
veuillent bien facrifier le temps &
la dépenfe pour approfondir la vérité des faits.

Perfonne n'étoit plus capable
de rendre ce fervice au Public que
feu M. Anderfon. La fituation
avantageufe de la Ville de Hambourg & fon Commerce immenfe
avec les Pays du Nord ; la di-
gnité de Chef de fa Patrie, à laquelle fon mérite l'avoit élevé ; la
liaifon intime avec les Cours & les
Académies Septentrionales, que
fes rares talens lui avoient procu-
rée ; les belles connoiffances en
fait de Phyfique & d'Hiftoire Naturelle, qu'il avoit acquifes dans
fes Voyages ; le précieux Cabi-

net de Curiosités qu'il possédoit, tout enfin conspiroit à l'envi à le mettre en état de nous donner un Ouvrage parfait en ce Genre.

Afin que le Lecteur puisse juger par lui-même du mérite personnel de notre Auteur, j'ai cru devoir insérer ici un Abbrégé de sa Vie qui se trouve à la tête de l'Original Allemand.

Son Pere *Ammon Anderson*, sorti d'une famille de gros Négocians & Senateurs de Gothenbourg en Suede s'étoit établi à Hambourg, & notre Auteur *Jean Anderson* y vit le jour le 14 Mars, 1674. Il joignit dès sa tendre jeunesse une application infatigable à une aisance peu commune dans la conception, & son Pere ne négligea rien pour encourager l'une & pour nourrir l'autre. L'étude des Langues Orientales jointe à celle de la Philofophie & des Mathémati-ques devinrent le principal amufement de fon adolefcence, & il fe rendit fi habile dans la langue Grecque, que s'étant mis fans fe faire connoître à la fuite de Pierre I, Czar de Ruffie, dans le Voyage qu'il fit en Hollande, il fut pris pour un Grec de Nation par ceux qui fçavoient le mieux cette langue, & profita par ce moyen de l'occafion de voir tout ce que les Etats Généraux avoient or-donné de montrer à ce Prince.

Ses Parens l'avoient confacré à l'Eglife ; mais un penchant plus fort pour le Droit l'entraîna & il s'appliqua entiérement à la Jurifprudence. Ses heures per-duës furent partagées entre l'étu-de de l'Hiftoire Naturelle & celle des Langues vivantes de l'Europe, sans oublier les anciens Idiomes & les Antiquités Teutoniques, genre dans lequel il étoit le plus habile homme de son temps.

La mort de son Pere l'arracha des Univerfités de Saxe, dans lesquelles il faifoit ses Etudes. Il revint à Hambourg en Janvier, 1697; & en repartit en Avril pour la Hollande, où il étendit beaucoup ses lumieres à l'occaſion de la Paix de Ryſwick, ayant été admis dans les Cercles de plufieurs Miniftres des Cours étrangeres. Il se délaſſoit de temps en temps avec les Expériences Phyſiques chez M. *Muſchenbroek* à Leyde, & avec les Obſervations Microſcopiques de M. *Leuwenhoek* à Delft.

La Providence le fauva de deux accidens qui penſerent lui coûter la vie. Il se promenoit un jour avec un ami sur le bord de la Mer à Schevelingue , village situé à une lieuë de la Haye. Un Corsaire François portant Pavillon Hollandois s'approcha à la portée du Canon , & ayant tout d'un coup changé de Pavillon il les salua de deux coups ; & leur donna à peine le temps de se sauver derriere les Dunes. Quelques jours après il monta sur un four à chaux qui s'enfonça sous ses pieds & pensa l'engloutir.

M. *Anderson* quitta la Hollande en Août de la même année, aprés avoir été reçu Docteur en Droit à Leyde, & il revint dans sa Patrie, bien en état de la servir par les lumieres qu'il avoit acquises. Il suivit le Barreau pendant quelque temps , & avoit même résolu de se faire Chanoine, pour vaquer plus ai-

fément à fes études particulieres ;
mais il fut nommé en 1702 Se-
cretaire , & en 1708 Syndic de
la République de Hambourg. Il
remplit ces Places importantes
avec honneur & à l'avantage de
fa Patrie.

Le Senat l'envoya en 1711 à
la Cour de Frederic IV, Roi de
Danemarc, & il conclut bientôt après à Lenzen un Traité de
Commerce & de Navigation très
favorable pour fa Ville, avec les
Miniftres de Brandebourg, de
Hanovre & de Wolfenbuttel.
Il alla en 1713 au Congrès d'U-
trecht, où il s'infinua fi bien
dans l'efprit des Miniftres étrangers, que fa Ville fut admife
dans le Traité de Paix, & il af-
fura à cette occafion le Commerce libre des Villes Anféatiques.
La Paix ayant été fignée entre la
France & l'Angleterre, il par-

courut les autres Villes de Hollande, & visita les Bibliothéques, Cabinets, Apothicaireries, &c. Il parcourut avec la même curiosité les Villes de Brabant, & revint à Hambourg sur la fin de la même année, après avoir fait quelques Négociations à la Cour de Hanovre & à celle de Brunswick.

La Ville de Hambourg s'étoit trop bien trouvée de ses Négociations pour ne pas l'envoyer en 1714 au Congrès de Bade. Il n'y fut pas moins heureux qu'à Utrecht, & après avoir conclu son Traité, il profita du voisinage de la Suisse, & parcourut les Alpes, pour en contempler les merveilles.

Sa Patrie l'envoya l'année d'après à la Cour de France avec le Sr *Stockfleth* Senateur. Leurs Négociations furent interrompuës par la mort de Louis XIV ; mais ils réüffirent à la fin à conclure un Traité de Commerce fort avantageux avec la France, qui fut figné le 16 Septembre 1716. M. *Anderfon* eut l'honneur d'être accueilli par tous les Grands du Royaume, & il fe donna dans fa Capitale une carriere libre avec les Sçavans, les Cabinets, Bibliothéques, &c.

Dans le temps que fes Négociations languiffoient à cette Cour, George I, Roi d'Angleterre, le fit folliciter pour entrer à fon fervice. Augufte Guillaume, Duc de Brunfwick, l'appella de même à fa Cour pour fon Confeiller Privé. Mais M. *Anderfon* aimoit fa Patrie, à laquelle il vouloit fe facrifier : auffi lui en montra-t-elle fa reconnoiffance.

Il fut nommé en 1723 Bourgmeftre, & en 1732 Chef ou Généralissime de la Ville & du Territoire de Hambourg.

Il s'étoit formé un Plan de partager ses heures entre les Affaires publiques & les Lettres. L'Origine de la Langue Teutonique, les Loix & les Antiquités des Germains & l'Histoire Naturelle étoient ses principaux amusemens. Les Connoisseurs des Antiquités Germaniques avoient reconnu son mérite & sa supériorité. Le célébre M. *Leibnits* s'est souvent servi de ses lumieres, le sçavant M. *Eckard* avoue les secours qu'il lui a fournis pour son *Dictionnaire Ethymologique*, & le docte *Sirenius*, Evêque Anglois, qui s'est immortalisé par son *Dictionarium Anglo-Suethico-Latinum*, ne dissimule pas dans sa *Préface* ce qu'il doit à M. *Anderson*.

Il a laissé lui même un *Glos-*

*ſarium Teutonicum & Allemanni-cum*, qui eſt en état d'être imprimé & d'autant plus parfait que ſon Auteur étoit ſoûtenu par les Connoiſſances des Langues du Nord qui manquoient à *Schilter* & *Wachter*, qui ont travaillé ſur cette même matiere. Cet Ouvrage contient une explication des principaux Mots qui embaraſſent dans les Auteurs du moyen Age.

On a auſſi trouvé après ſa mort un gros Volume d'*Obſervations ſur le Droit Germanique*, & un autre *ſur le Droit Public & ſur les Statuts de Hambourg*, où ſon but étoit d'expliquer les Loix par l'éthymologie.

Il avoit acheté le *Gloſſarium Linguæ Veteris Saxonicæ* de M. *Meyer*, Miniſtre Proteſtant à Breme, qui avoit été interrompu pu par la mort de fon Auteur. Il l'avoit enrichi de fes fçavantes Notes, & l'auroit publié, fi fes affaires l'euffent permis.

Il avoit auffi fait acquifition à Paris d'une Collection complette des belles Copies de Pierres Antiques connuës fous le nom de *Pierres de Homberg*, fur lefquelles il a fait des remarques fçavantes qui avoient échapé aux autres Antiquaires.

Son goût pour les Langues Orientales lui avoit fait confacrer les Dimanches à une étude particuliere fur le Texte original des Livres Sacrés, & il a laiffé quantité d'Obfervations de Philologie & de Phyfique facrée qui méritent d'être imprimées.

On a trouvé des Journaux très-confidérables de tous fes Voyages remplis de fingularités

*Tome I.*                    b

& de remarques ſur l'Hiſtoire Naturelle, les Arts, la Géographie, l'Oeconomie, &c.

Il ſeroit à ſouhaiter pour le bien des Lettres, que M. ſon Fils, qui tient un rang parmi les Sçavans de ſa Patrie, ſe donnât la peine de publier ces Manuſcripts.

Le Cabinet des Curioſités Naturelles de M. *Anderſon*, dont ſon Pere avoit jetté les fondemens, étoit un des plus beaux de de ſon temps. Il n'épargna ni dépenſes, ni peines, ni recherches pour l'augmenter, & les Curieux de tous les Pays ſe faiſoient un plaiſir d'y contribuer. Le grand mérite de cette Collection vient du choix des ſujets. L'ordre ſuivoit celui de la Nature, & les Morceaux ſe ſuccédoient comme les productions naturelles. Le célébre M. *Heus-*

*cher* s'en est servi pour modéle dans l'arrangement du superbe Cabinet du Roi de Pologne à Dresde. Celui de notre Auteur étoit ouvert à tous les Curieux, & les Voyageurs le regardoient comme un des principaux Ornemens de la Ville de Hambourg. Ceux qui l'avoient vu ne sçavoient pas s'ils devoient plus louer la richesse & le choix du Cabinet, ou la complaisance & les lumieres du Possesseur, qui se faisoit un plaisir de l'expliquer.

Les Sçavans de l'Europe rechercherent la connoissance de M. *Anderson*, qui ne pouvoit être qu'avantageuse pour toute sorte de Connoissances, & l'Académie Impériale l'agrégea à son insçu en 1731.

Enfin la Vie & les Ecrits de ce grand Homme prouvent son érudition & ses connoissances.

Ses Dignités furent la récompense de son mérite. Toute sa Vie étoit un tissu de Pieté & de Vertus fondées sur des sentimens que les dignités ne donnent point. Il regardoit comme au dessous de lui de perdre un instant qu'il auroit pu employer utilement, & rougissoit de jouir d'un repos honteux & du plaisir insipide qui l'accompagne. Des sentimens plus élevés lui faisoient goûter les délices du travail & la satisfaction des hommes véritablement grands, qui ont appris à vivre & à mourir pour le Bien Public. Sa Conversation, qui étoit aisée & enjouée, répondoit à sa Devise, qui étoit *Droit sans Artifice*, & son Caractére uni ne connoissoit point ces humeurs noires, qui sont à charge dans la Société. Ceux même dont le sort se décidoit par ſes Jugemens, reconnoiſſoient les Arrêts de la Juſtice plutôt que ceux du Juge.

Sa fin ne démentit pas ſa Vie, & , comme il avoit été grand dans les plus petites choſes , il le fut de même au moment de la mort. Il rendit l'ame à ſon Créateur ſans regret le 3. Mai 1743 , âgé de 70 ans.

*Tel étoit l'Auteur du préſent Ouvrage , dont l'exécution répond parfaitement à l'idée que nous devons nous former du profond ſçavoir de feu M. Anderſon. Le Lecteur y trouvera des Relations ſingulieres & des Recherches pénibles & nouvelles ſur les Routes annuelles des Poiſſons paſſagers , ſur les différentes eſpeces de Baleines & autres*

Monſtres de Mer, ſur les Qua-
drupédes, Oiſeaux, & ſur l'Oeconomie Animale en général,
ſur les Minéraux, Météores&c.
Il y lira avec plaiſir des Remarques ſcavantes & des traits de
Phyſique & d'Hiſtoire Naturelle
comparés avec ceux des autres
Parties du Monde, & il regar-
dera à juſte titre cet Ouvrage
comme un Supplément conſidérable pour ſervir à l'Hiſtoire Naturelle de la Terre en général. Il
reconnoîtra dans notre Auteur
une vraye Pieté Philoſophique,
qui ne lui fait pas perdre une occaſion d'exalter la Sageſſe & la
Bonté du Créateur, & de conduire ſon Lecteur au but, qui doit
être le principal, pour ne pas
dire, le ſeul de toutes nos Connoiſſances. Il admirera ſa vaſte érudition dans toute ſorte de Litté-
rature, dans les Langues mor-

tes & vivantes, & principalement dans l'Harmonie de celles
du Nord. Il sentira enfin l'im-
portance de cet Ouvrage pour le
Commerce Maritime & pour les
lumieres, que les Nations com-
merçantes en peuvent retirer.

M. Anderson, qui n'a voulu
donner à son Lecteur rien que de
positif & de vrai, a pris dans sa
narration une route très-différen-
te de celle des Compilateurs fabuleux des Voyages du Nord
& autres Auteurs, qui croyant
pouvoir avanturer impunément
des faussetés grossieres au sujet
des Pays si peu fréquentés, & ne
cherchant qu'à faire rire le Lecteur aux dépens de ces pauvres
Peuples, nous en ont donné des
Relations romanesques, & de
leur propre aveu peu croyables.

On ne trouvera pas dans notre
Auteur les mensonges qu'on nous

débite sur la prostitution volontaire des filles aux Etrangers, les contes risibles des Esprits familiers des Islandois, de leur Commerce de Vent, badinerie arrivée peut-être à quelqu'imbécille, dont les Islandois ont joué la crédulité. Ceux-ci prévoyant, par la connoissance qu'ils ont des Marées & des Vents, le temps qu'il pourroit faire le lendemain, lui ont vendu pour se moquer un Vent favorable dans le nœud de son mouchoir, à condition de ne l'ouvrir qu'à une certaine hauteur. M. Anderson ne parle pas non plus de leurs Poëtes, Lunatiques, des anciennes Fables & de leur Edda ou Mythologie, qui leur faisoit imaginer pour Principe Eternel un Géant, qu'ils appelloient Immer, disant que le Chaos produisit de petits hommes, qui se jetterent sur le Géant, &

le

le mirent en piéces ; que de son Crane ils firent le Ciel, de son Oeil droit le Soleil, de son Oeil gauche la Lune, de ses Epaules les Montagnes, de ses Os les Rochers, de sa Vessie la Mer, de son Urine les Rivieres. Notre Auteur, éloigné de tout ce qui sentoit le fabuleux ou l'incertain, n'a pas voulu amuser son Lecteur avec ces contes inutiles non plus qu'avec ceux qu'on débite assez legérement sur l'ancienne Puis-sance & Grandeur des Islandois. Il a voulu ériger un monument solide & durable à l'Histoire Na-turelle & au Commerce du Nord, abandonnant les Fables à ceux dont l'imagination aime à se re-paître de Chiméres, & qu'un génie tel que le sien regardoit comme indignes d'amuser son loi-sir.

Tome I.

*Au surplus je puis assurer le Lecteur que je n'ai rien négligé dans cette Edition de ce qui pouvoit contribuer à l'éclaircissement & à l'embellissement de cet Ouvrage.*

PREFACE

# PRÉFACE

## DE

## L'AUTEUR.

OUTES les fois que
je refléchis fur la
Puiffance, la Sageffe
& la Bonté Divine,
dont les traces fe ma-
nifeftent auffi clairement dans
les Climats glacés du Nord que
dans d'autrès plus tempérés,
que j'admire les merveilles de
la Nature, qui, s'y trouvant
pour le moins auffi fréquentes
que partout ailleurs, nous excitent à la louange du Créateur,

c ij

& que je confidére les Habitans fertiles en inventions pour
fe procurer le néceffaire & même à leur façon certaines aifan-
ces de la vie , quoiqu'avec
moins d'art que les Peuples
mieux policés ; je vois avec dou-
leur la profonde ignorance , dans
laquelle nous nageons à l'égard
de la vraye conftitution de ces
Pays , foit par l'incapacité des
Habitans, qui ne fçauroient nous
en tirer , foit par la négligence
& le mépris déplacé des Peuples
voifins , qui n'ont pas daigné
nous en inftruire. Ces Réfléxions & d'autres m'ont détermi-
né à faire mon poffible , pour
me mettre au fait de toutes les
fingularités de ces Pays ; & en
état d'en compofer une efpece
d'Hiftoire Naturelle.

J'ai furtout profité de l'occafion des Colonies Danoifes éta-

bliés il y a quelques années du côté du Détroit de Davis, & j'ai été affez heureux pour apprendre bien des particularités jufqu'à préfent inconnuës par les fréquentes converfations que j'ai eu avec plufieurs perfonnes, qui y avoient vécu pendant long-temps.

Un pareil bonheur a favorifé les recherches que j'ai faites depuis nombre d'années fur l'Ifle d'Iflande fi remarquable pour plufieurs raifons, & m'a mis en état de remplacer les anciennes Relations fabuleufes & ridicules par des faits nouveaux, importans & folides.

Pour y parvenir, je me fuis fervi principalement de l'occafion du Commerce confidérable de cette Ifle, qui amene tous les ans un bon nombre de Capitaines de Vaiffeau, de Négocians ou leurs Commis, qui venant en droiture à Gluckſtadt, ville Danoiſe ſituée ſur l'Elbe, ne manquent guéres de viſiter celle de Hambourg, pour trafiquer avec nos Commerçans. J'ai eu ſoin pendant pluſieurs années de m'en faire amener les mieux inſtruits, pour tâcher, ſoit en les queſtionnant, ſoit en leur montrant mes Raretés du Nord, de tirer d'eux toutes les Connoiſſances poſſibles touchant l'Etat naturel & politique de ces Pays, & principalement de la Côte Méridionale & de l'Orientale de l'Iſlande, qui ſont le ſiége de ſon Commerce.

J'avois d'abord dreſſé ces Mémoires pour ma propre ſatisfaction, & je les ai enſuite mis en en ordre & augmenté de pluſieurs Remarques pour l'uſage de mes enfans. Certaines perfonnes curieufes les ayant cru dignes d'être imprimées, je me fuis rendu à leurs inftances, d'autant plus volontiers, que je me flate d'exciter par mon exemple ceux qui font en état d'augmenter nos Connoiffances en ce genre, pour parvenir à la fin à completter l'Hiftoire Naturelle du Nord.

# AUTEURS

Qui ont servi à la Composition de cet
OUVRAGE.

ACta Medico-Philosophica Haff-
niensia.
*Adam ( Clement )* Navigatio Anglo-
rum ad Moscovitas, in *Repu-
blica Moscovitica.*
*André ( Gudman )* Dictionarium Islan-
dicum.
Annales Wratislavienses.
*Arii Torgilsis* filii Schedae.
*Arngrim ( Jonas )* Specimen Islandi-
cum, *en Islandois.*
*Arvieux ( Chevalier d' )* Mémoires.
Atlas Maritimus & Commercialis, *en
Anglois.*
*Barclai* Argenis.
*Barelieri* Icones Plantarum.
*Bartholini* Acta Medica Haffniensia.
de Chrystallo Islandico.
Historia Anatomiæ.
*Basile ( S. )* Homélies sur l'Hexaëme-
ron.

*Bellonius* de Aquatilibus.

*Berg* ( *Arents* ) Description du Danemarc & de la Norwége, *en Danois.*

*Boccon*, Recherches sur les Curiosités
Naturelles.

*Bochard*, Hierozoicon.

*Borrichius*, Vocabularium Groenlan-
dicum.

*Bruin* ( *de* ) Voyage de Moscovie.

*Bullen*, Journal d'un Voyage de
Groenland, *en Allemand.*

*Busbecq*, Ambassades de Turquie.

*Caesius*, de Mineralibus.

*Careri* ( *Gemelli* ) Voyage autour du
Monde.

*Cesar*, de Bello Gallico.

*Ceulen* ( *Gerard Van* ) Description
du Détroit de Davis, depuis
la Baye Méridionale, jusqu'à
l'Isle de Disco, *en Hollandois.*

*Chardin*, Voyages.

*Ciceron*, de Inventione & Quæst. Tus-
cul.

*Clausoii*, Description de la Norwége,
*en Danois.*

Commentarii Academiæ Petropolita-
næ.

xxxvj

*Leuwenhoek*, Lettres.

*Lister*, Historia Conchyliorum.

*Loccenius*, Antiquitates Sueo-Gothicæ.

*Lowthorp*, Abrégé des Transactions Philosophiques, *en Anglois*.

*Lucien*, Dialogues.

*Mahudel*, du Lin Incombustible.

*Maillet*, Description de l'Egypte.

*Major*, Miscellanea Curiosa Medico-Physica.

*Marperger*, Magasin des Commerçans, *en Allemand*.

*Marsigli* (Comte *de*) Danubius Pannonico-Mysicus.

*Martens*, Voyage de Spitsberg, dans le *Recueil des Voyages du Nord*.

*Martin*, Description des Isles Occidentales d'Ecosse, *en Anglois*.

*Martiniere*, Itinerarium per Septentrionem.

*Mémoires* de l'Académie Royale des Inscriptions & des Belles-Lettres.

de l'Académie Royale des Sciences.

de Mathématiques & de
Phyſique de l'an 1693.
Miſcellanea Phyſico - Medico-Mathe-
matica.
*Montfaucon*, Diarium Italicum.
Muſeum Regium Danicum.
*Neukrantz*, Panegyricus de Harengo.
Obſervationes Phyſico-Medicæ.
*Olaus Magnus*, Hiſtoria Gentium Sep-
tentrionalium.
in Eddam Iſlandiæ.
*Oppien*, Halieuticon.
*Otheri* Periplus.
*Pechlini* Obſervationes Phyſicæ.
Perluſtration du Groenland, *en Da-*
*nois*.
*Perry*, Etat préſenr de la Grande
Ruſſie.
*Pline*, Hiſtoire Naturelle.
*Plot*, Hiſtoire Naturelle de Staffort-
ſhire, *en Anglois*.
*Puffendorff*, de Officio Hominis &
Civis.
*Ramus*, Deſcription de la Norwége,
*en Danois*.
*Ray*, Synopſis Piſcium.
Obſervations faites dans ſon
Voyage d'Italie, *en Anglois*.
Révolutions de Ruſſie.

tale, *en Allemand.*

( *Lauritzen* ) Norrigia Illustrata.

*Wormius*, Commentarius de Lingua
    Runica.

    Muſeum Regium.

*Zorgdrager*, Origine de la Pêche de
    Groenland, *en Hollan-*
    *dois.*

---

### Fautes à corriger.

| Pag. | Lign. | |
|---|---|---|
| 13 | 11 | en, *liſez* en les. |
| 15 | 15 | antérieures, *liſez* antérieurs. |
| 65 | dern. | Goenland, *liſez* Gothland. |
| 110 | 24 | Harang Vierge, *ajoutez* ( en Hollandois *Maagden-Haaring* ) eſt celui où l'on ne reconnoit encore ni laite ni œufs, & qui eſt bien gras, mais peu durable. *Le Harang plein* .... |
| 143 | 8 | deſcendu, *liſez* deſcenduë. |
| 213 | 10 | de, *liſez* de la. |
| 235 | 12 | &, *liſez* & ſont. |
| 246 | 5 | leurs, *liſez* leur. |
| 273 | 10 | léſées, *liſez* léſés. |
| 306 | 7 | das, *liſez* des. |
| 307 | 9 | extraordinaire, *liſez* extraordinaires. |

HISTOIRE

NOUVELLE CARTE
DU GROENLAND de L'ISLANDE
et du
DETROIT DE DAVIS
corrigée sur les observations modernes
de la Mission Danoise
Par Mr. ANDERSON de l'Académie
Impériale Bourgmestre en Chef de
la Ville de Hambourg

BAYE DE BAFFINE
PARTIE DE L'AMÉRIQUE
ISLES DES ESKIMAUX
DETROIT DE DAVIS
GROENLAND
CÔTE ORIENTALE
CÔTE OCCIDENTALE
I. DE SPITZBERG
MER GLACIALE
ISLE D'ISLANDE
OCÉAN ATLANTIQUE

Cercle Arctique
Le Premier Méridien tiré par

Côte de Londres
Hope Sanderson
Horne Sond
Islee des Femmes
Cap Farewel
Staaten Hock
Cap Discord
Cap Blanc

Isle de Bas submergée dont
on voit de temps en temps un
district d'un quart de lieue

Nouveau Banc découvert
par le Capit. Alof Kramer

Banc de Gombar
les Bancs d'Oiseaux

du Détroit de Probisher qui est
aujourd'huy bouché par les glaces

Limites communes d'Allemagne à 15 dans 1 degré

# HISTOIRE
## NATURELLE
### DE
# L'ISLANDE.

'Isle d'ISLANDE située dans la Mer du Nord bien avant vers le Pole est aujourd'hui soumise au sceptre Danois, & on lui donne communément soixante & dix lieuës de Danemarc de long sur quarante-une de large.

Ce pays est un des gros Fragmens Septentrionaux de notre globe formé, à ce qu'il paroît, par quelque révolution violente arrivée anciennement, & selon toute vraisemblance du temps même du déluge univer-

Situation & grandeur de l'Islande.

L'Isle est remplie de rochers.

Tome I.         A

sel , dont on trouve partout des marques très-visibles. L'Isle même est d'une figure tout-à-fait irrégu-liere & remplie de débris & de cre-vasses affreuses. Elle est entourée de tous côtés de quantité de petits ro-chers détachés , qui ne s'élevent pas plus haut que la surface de la Mer & qui dans les langues du Nord portent le nom de *Schæren* , c'est-à-dire , *Ciseaux*. On y voit outre cela plusieurs *Holmes* , c'est-à-dire, pe-tites Isles vertes inhabitées , qui s'é-levent de la Mer autour de l'Isle, & d'autres plus grandes qui sont vé-ritablement des Isles habitées. L'Is-lande même est hérissée d'une ex-trêmité à l'autre de rochers im-menses très-escarpés & en partie couverts à la hauteur de plusieurs toises de glaces & de neiges qui ne se fondent jamais. * C'est aussi pour

---

* Ces rochers escarpés ou plutôt leurs sommets couverts de neiges & de glaces sont appellés par les Islan-dois *Joekel* ou *Joekul* , comme on peut

cette raison que le milieu de l'Isle
est entiérement inhabité, & que jus-

le voir dans la Carte Géographique.
*V.* aussi le *Dictionnaire Islandois de
Gudman André.* Ce mot vient de
*Joekul* ou *Joekle*, qui signifie dans
l'ancienne langue du Nord des *eaux
gelées*, & principalement *ces neiges &
glaces perpétuelles des montagnes de
Norwege & d'Islande qui ne se fondent jamais. V.* l'*Index scyth. Scand.*
de *Verel.* & le *Speculum Regium.* Les
Mineurs de Saxe & des montagnes du
Hartz ont adopté ce mot, sans en
sçavoir l'origine ni la vraie significa-
tion, & s'en servent aujourd'hui en
parlant de l'eau vitriolique qui dans
certaines mines de cuivre se filtre à
travers le Roc, soit en forme de glaçons verds & bleus ou en forme
pyramydale & s'élevant hors de la
terre. Ils les nomment *Joëkel* ou
*Joeckel-gut* pour les distinguer du vi-
triol hérissé ou autrement formé qu'ils
connoissent sous le nom de *Rosen-gut.*
Ceci ne paroîtra pas étonnant à ceux

qu'à préſent perſonne n'oſe y pénétrer, à moins que ce ne ſoit quelques ſcelerats ou troupes de vaga-
bonds qui s'y refugient pour quelque temps pour cacher leurs crimes
dans les cavernes de ces déſerts.

*Les che-*
*mins y ſont*
*impratica-*
*bles.*

Outre cela le terrain de l'Iſle eſt

---

qui ſçavent que les mines ont été cul-
tivées dans les Pays du Nord beaucoup plus anciennement qu'en Allemagne, & l'on peut conſulter à ce
ſujet les *Antiquit. Sueo-goth. de Loc-*
*cenius*, chap. 17. Il ne ſeroit pas même difficile de prouver que c'eſt des
Pays du Nord que la ſcience des Mines a été tranſportée en Allemagne,
où elle s'eſt perfectionnée au point que
les peuples du Nord l'ont à leur tour
appris des Allemands; & nous voyons
aujourd'hui que les Suedois ont adopté en plus grande partie le langage
des Mineurs de l'Empire. On peut
conſulter à ce ſujet la Diſſertation de
M. *Groenwald* intitulée *Argentifodi-*
*næ ut & Urbis Salanae delineatio*,
impr. à *Upſal en 1725.*

partout parsemé, pour ne pas dire, entiérement couvert, d'une quantité prodigieuse de fragmens ou débris des rochers, de crevasses causées ou par l'action violente des feux souterrains ou par les pluies & les fontes des neiges & dispersés de tous côtés par les torrens; ce qui rend les chemins entiérement impraticables pour toutes sortes de voitures. On ne sçauroit y voyager qu'à pied ou tout au plus à cheval dans les meilleurs cantons,& il faut prendre beaucoup de précaution pour ne pas se blesser ou se laisser tomber dans quelque précipice. Personne ne se donne ici la peine de nettoyer ou raccommoder les chemins,& c'est ordinairement le fort de tous les Pays montagneux & pauvres, où les habitans trouvent peu d'encouragement pour voyager.

C'est la configuration rude du Pays qui est cause que cette Isle n'est pas fort peuplée. Elle n'est guéres habitée que sur le bord de la Mer; & les Villages, car on ne connoît ici ni Villes ni Bourgs, n'avancent

que quatre ou cinq lieuës dans le
Pays. Ces endroits font compofés
d'un petit nombre de maifons dif-
perfées & féparées les unes des autres. Chaque pere de famille a bâti
où il a voulu, c'eft-à-dire, où il a
trouvé un terrain convenable aux
paturages, dont il s'eft approprié
autour de fa maifon ce qui lui
convenoit & qu'il a cru pouvoir cultiver par lui-même ou par
les fiens. Cette même maniere de
bâtir fans ordre, qui paroît régner
de tout temps dans ce Pays, aug-
mente de plus en plus la difperfion
des habitations & les inconvéniens
qui en font inféparables.

D'autres raifons rendent cette Ifle
déferte par fa conftitution intérieure; elle a été de tout temps fujette
& l'eft encore aujourd'hui à des
bouleverfemens terribles, qui la
ruinent de fond en comble. Elle
n'eft, pour ainfi dire, qu'une maffe
contiguë de rochers & de vallées,
& le dedans des montagnes eft ca-
verneux; ce qui joint aux fermentations de toutes fortes de minéraux

Elle eft
fujette aux
tremble-
mens de
terre.

inflammables qui rempliſſent leurs
entrailles, rend cette Iſle plus ſujette
aux tremblemens de terre qu'aucun
Pays du monde. On en voit de temps
en temps des exemples étonnans
& un témoin oculaire m'a rapporté
un fait qui me paroît auſſi frappant
qu'il eſt ſingulier. Ce fut en 1726,
ſi je ne me trompe, que près d'un
endroit appellé Schage-Strand dans
la partie ſeptentrionale de l'Iſle
une Montagne d'une hauteur conſidérable s'enfonça dans une nuit
par un tremblement de terre, enſorte qu'il parut à ſa place un grand
lac très-profond, pendant que dans
le même temps un autre lac ſitué
à une lieuë & demie de cet endroit,
& que les habitans n'avoient jamais pu ſonder, ſe ſécha entiérement & que ſon fond s'éleva
tellement qu'il eſt encore aujour-
d'hui plus haut que le terrain qui
l'environne. Il y a lieu de croire
que ces ſortes d'événemens ont été
très-fréquens du temps du déluge
univerſel.

Ceux qui ſçavent l'Hiſtoire Natu-

*La terre est remplie de fouffre & de nitre.*

relle de la Terre, conviennent unanimement, qu'on ne fçauroit rendre raifon de ces tremblemens de terre fans concevoir une action violente du feu terreftre, & en effet les tremblemens, qui arrivent ici, font ordinairement accompagnés d'éruptions de feu très-fortes & extrêmement dangereufes pour tout ce qui environne l'endroit où fe paffe l'action. Ainfi, pour ne parler d'abord que des incendies de la terre, on n'a qu'à ôter la croute fupérieure & creufer jufqu'à la profondeur d'environ un pied, & l'on y trouve quantité de foufre & même en groffes maffes, avec beaucoup de nitre ; ce qui non feulement empêche la fertilité du terrain, mais encore produit une fermentation intrinféque caufée par les mines de foufre chargées de fer & fait naître des inflammations, qui éclatent à la fin en vraie flamme, & qui s'étendant au-deffous & au-deffus de la terre brûlent & confument entiérement des diftricts tantôt plus grands tantôt plus pe-

tits , & portent partout la mort &
& la ftérilité. C'eſt par-là que nous
ſommes en état d'expliquer dans
le ſens littéral même les paroles
de *Deuteron. XXIX. v. 23 ,* où il
eſt dit, que *le Seigneur brûla tout le
Pays avec du ſouffre & du ſel , en
ſorte qu'on ne pouvoit plus y ſemer ,
que rien n'y croiſſoit & qu'il n'y venoit plus d'herbe.* Il n'y a pas longtemps (en 1729) qu'un pareil incendie de terre prit ſubitement dans le
diſtrict de Huuſwich ſitué au nord
de l'Iſle. Le Village de Myconfu
en fut entiérement ruiné. Tout le
terrain cultivé , l'Egliſe , les maiſons , les moutons , chevaux & bêtes à cornes furent réduits en cendres , & la flamme s'avancoit avec
tant de rapidité, que les hommes
eurent à peine le temps de ſe ſauver. Six Paroiſſes voiſines furent
bientôt menacées des ſuites funeſ-
tes de cet accident. Il en périt trois
en effet ; mais les trois autres furent ſauvées par un coup de la Providence : un brouillard extrêmement épais , qui ſurvint quelques

jours après l'incendie , suivi d'une
grosse pluye éteignit heureusement
un feu dont la force étoit supérieure
à tout l'art humain. *

* * *

    * Un pareil incendie arriva de lui-
même en 1732 dans l'Isle de Jean
Mayen , qui est aussi un des Fragmens
septentrionaux du Monde , de même
que l'Islande , à laquelle elle ressemble beaucoup : elle est d'ailleurs inha-
bitable , & située près du *Spitzberg* &
du *Groenland* , ayant à l'estimation des
Marins environ six lieuës de long, &
très-peu de largeur. Elle s'étend du
Sud-Ouest au Nord-Est , & est entiérement couverte de rochers plus ou
moins grands & absolument nuds &
stériles. Au Nord de cette Isle on voit
le Mont des Ours , ainsi appelé à
cause de la quantité de ces Bêtes qu'on
y a observé de tout temps. Il est si haut
qu'il domine au-dessus des basses nuës,
& selon le rapport des Marins très-
croyables de Hambourg on le découvre par un temps serein à la distance
de 32 lieuës. Cette Montagne est tout-

Cette conftitution intérieure du terrain, qui affecte furtout dans un



à-fait nuë comme les autres , fans brouffailles ni herbes , ni terre pour fervir de matrices aux Végétaux , & le fommet eft continuellement couvert de neiges & de glaces. Ce n'eft qu'au pied de cette Montagne où il fe forme une efpece de croute mince de terre, ou plutôt de mouffe de la fiente des Oifeaux de Proye, dont il fe tient ici des quantités prodigieufes pour donner la chaffe aux Crabes de Mer très-fréquens dans les bas-fonds qui environnent cette Ifle. Cette petite croute de terre produit par une providence finguliere quantité de Cuillerée, d'Ozeille & d'autres herbes Médicinales & falutaires aux Marins qui paffent par ici dans leur Voyage de Groenland. Un Capitaine de Vaiffeau, nommé *Jean Jacques Laab*, allant en Groenland & étant a l'ancre à caufe du vent contraire à trois lieues au Sud de cette montagne, vit le 17 Mai 1732 des flammes d'une longueur

degré éminent les entrailles des
montagnes , les dispose par-là à des

prodigieuse qui s'élevoient du bas de
la Montagne en se dispersant de tous
côtés comme des éclairs très-vifs. Il
entendit un bruit affreux qui ressem-
bloit à celui du Tonnerre , & ces accidens se terminerent par un brouillard très-étendu & fort épais. Le Capitaine fut saisi d'une frayeur mortel-
le , ne pouvant quitter l'endroit où il
étoit détenu par le vent , & ne sçachant que penser sur les suites que
pourroit avoir cet incendie à l'égard
de son Vaisseau. Cependant ce feu ne
dura que pendant 24 heures , la Montagne ne s'ouvrit point & ne jetta aucune pierre ni matiere combustible ;
mais une fumée noire & épaisse con-
tinua jusqu'au 21 du mois , & le vent
ayant alors changé , le Vaisseau gagna
promptement le large. Comme il étoit
à environ 15 lieuës de l'Isle , le Capitaine fut de nouveau effrayé par
une quantité énorme de cendre que
le vent jettoit derriere lui & dont les

éruptions & des incendies qui font
très-fréquens en ce Pays; & c'eft or-

---

voiles & le pont du Vaiffeau furent
bientôt couverts & teints en noir. Il
craignit d'abord que ces cendres n'euffent amené avec elles quelques char-
bons ardens ou minéraux enflammés
qui auroient pu mettre le feu au Vaiffeau, mais les ayant trouvé froides à
l'attouchement, & n'y voyant rien de
combuftible en approchant du feu, il
reprit courage & fit enlever les cendres avec de l'eau. Tout l'Equi-
page s'y occupa pendant plus de
cinq heures avant qu'on pût venir à
bout de nettoyer le Vaiffeau qui en
recevoit de temps en temps de nouvelles charges tant qu'il fut à leur portée. On m'apporta un peu de cette
cendre que je trouvai d'un gris clair
& fort douce à l'attouchement, &
l'ayant mife fous le microfcope, elle
parut remplie de petits grains de fable, ou plutôt de petits morceaux de
pierres brifées. Un autre Capitaine de
Vaiffeau, appellé *Alicke Payens* &

dinairement par les montagnes que
commencent ici les incendies de la
terre. * Auſſi toutes les montagnes

---

Compatriote du précédent paſſa quinze jours après en cet endroit, & ayant
entendu parler de cette avanture, il
aborda à l'Iſle, & eut aſſez de courage pour viſiter l'endroit de l'incendie. Il trouva que la Montagne même n'étoit crevée en aucun endroit,
& qu'elle n'avoit rien jetté que des
cendres, dont tout le terrain étoit
couvert juſqu'à deux lieuës à l'entour.
On y entroit juſqu'à mi-jambe, &
n'ayant découvert rien de nouveau,
il s'en retourna fort fatigué à bord de
ſon Vaiſſeau.

* *Olaus Magnus* en fait mention
dansſon *Hiſtoria Gent. Septentr. L. II.*
ch. 2. *In Iſlandia*, dit-il, *montium
ſitus & natura eſt ſingularis, ſcilicet
in eorum vertice nix quaſi perpetua,
& in baſi ignis ſulphureus continua-
tive ſine ſui conſummatione exardeſ-
cens* : c'eſt-à-dire. » La ſituation & la

de l'Iflande paroiffent confumées en
dedans, & l'on y découvre diftinc-
tement les traces des incendies an-
térieures. On ne trouve nulle-part
du véritable fable comme dans d'autres Pays. Toute l'Ifle eft couverte
d'anciennes cendres & d'une efpece
de pouffiere provenant de pierres
brûlées. Il arrive encore aujourd'hui
des éruptions terribles de feu dans
les montagnes, foit quand les anciens Volcans après avoir ramaffé
pendant quelque temps dans leurs
entrailles de nouvelles provifions
de matiere combuftible commencent de nouveau à les vomir, * foit

---

» nature des Montagnes d'Iflande eft
» finguliere ; leurs fommets font cou-
» verts de neiges prefque perpétuelles,
» & portent au dedans un feu de fou-
» fre qui brûle continuellement fans
» fe confumer. »

* Il paroît par cet endroit d'*Olaus*
que ces accidens ont fubfifté de tout
temps. *In multis locis*, continuë

quand d'autres montagnes qui n'avoient pas encore brûlé crevent tout d'un coup avec une explosion terrible & répandent partout la terreur par les éruptions violentes de flammes. Ces accidens sont ordinairement accompagnés d'inondations terribles causées par la fonte subite de ces calottes immenses de glaces & de neiges qui couvroient les Volcans & qui se précipitent alors en formant des torrens d'une rapidité surprenante, qui joints aux ruisseaux

---

t il , *torridæ voragines cum cinere apparent montium combustorum & vallium , quæ iterum tacitis incrementis sulphureis succrescentibus quasi circulari temporum spatio disponuntur ad combustionem ,* c'est-à-dire: » En plusieurs endroits on voit des » gouffres arides & couverts de cen- » dres dans les Vallées & Montagnes » brûlées, qui ayant eu en dedans de » nouveaux accroissemens de matiere » sulphureuse, se disposent à brûler à » certaines périodes. »

de

de feux & de minéraux fondus, qui
les fuivent immédiatement, inon-
dent tous les environs & envelop-
pent fouvent dans leur fureur des
maifons, des hommes & le bétail
qu'ils entraînent à plufieurs lieuës.
C'eft ainfi que ces deux terribles
élémens uniffent ici leurs forces pour
ravager le Pays, laiffant fur leur paffage des lits profonds comme autant de marques de leur fureur, fans
parler de la défolation caufée fouvent à des diftances de plufieurs
lieuës par des morceaux immenfes
de pierre Ponce & autres avec des
quantités prodigieufes de cendres
qui fe difperfent de tous côtés. Ce
fut ainfi qu'une Montagne fituée au-
deffus de la Baye de Portland, qui
n'avoit jamais brûlé auparavant s'en-
flamma tout d'un coup en 1721.
Elle jetta quantité de flammes &
de pierres & défola un diftrict confidérable en réduifant tout en cendres ; mais ce qu'il y eut de plus
fingulier dans cet événement, ce
fut que dans le moment de l'explo-
fion que fit la montagne un gros

*Tome I.*          B

morceau trop pesant pour être enlevé fut jetté par l'élasticité de l'air
à une licuë du bord & porté par
la force du coup une lieuë avant
dans la Mer. Malgré la profondeur de l'eau en cet endroit ce
morceau s'élevoit au commencement de soixante brasses au-dessus
de l'eau, & l'on en voit encore aujourd'hui une bonne partie. * Les
cendres, qui suivoient le cours du
vent furent jettées par-dessus l'Isle
sur un certain vaisseau qui étoit alors
à trente lieuës du Volcan. L'air en
fut tellement rempli & la fumée
étoit si épaisse qu'on ne vit le Soleil de trois jours. Tout le poisson
séché, qui étoit alors dans l'Isle,
fut noirci & entiérement corrompu

---

* V. d'autres exemples des Montagnes & des Rochers qui se sont avan-
cés de même à des distances très-con-
sidérables dans *le Monde Soûterrain du
P. Kircher.* Liv. *IV.* Sect. 2. Ch. 10.
§. 2. & dans les *Miscellan. Physico-
Med. Mathemat.* de l'an *1728. Janv.*
p. *818.*

par cet accident, & les chevaux &
bêtes à cornes des endroits par où
les cendres avoient passé eurent
pendant deux ans la bouche cou-
pée & gâtée par le sable fin ou les
petites particules pierreuses tran-
chantes, qui étoient vraisemblablement mêlées ici dans les cendres,
comme nous l'avons remarqué au
sujet de l'incendie arrivé dans l'Isle
de Jean Mayen. Le feu ayant de
même pris au bas Pays qui touchoit
le pied de la montagne s'étendit
sous terre jusqu'à 18 lieuës & dura
pendant plus d'un an, après quoi il
s'éteignit de lui-même.

Le mont *Hecla* si fameux par ses
incendies, qui ont souvent duré
des siécles entiers, se tient tran-
quille depuis quelques années. Mais
les Habitans de l'Isle craignent avec
raison, que tôt ou tard il ne re-
commence ses fureurs & que s'é-
tant, pour ainsi dire, reposé pendant quelque temps pour amasser
de nouveaux matériaux, il ne les ac-
cable bientôt de nouvelles flammes.
Je m'étois flatté d'apprendre quel-

ques particularités sur la figure &
la structure de cette montagne;
mais on m'a assuré, que les fragmens énormes de rochers jettés ou
autrement détachés de la montagne
joints au creux profonds & legérement couverts de glaces & de neiges rendoient la montagne inacces-
sible, & que loin de monter jusqu'à
son ouverture on n'oseroit seulement
approcher du pied.

Lac qui s'enflamme trois fois par an.

A environ une demie lieuë du
Mont *Hecla* on rencontre un *Lac*
d'eau douce, qui est toujours *chaude*, mais qui l'est plus en hyver
qu'en été. Ce Lac, selon le rapport
des Habitans du Pays, a cette proprieté singuliere, qu'il s'enflamme
de lui-même trois fois par an. Il
brûle chaque fois pendant quinze
jours en jettant de petites flammes
fort claires, & quand elles sont é-
teintes il exhale encore pendant quelque temps une forte fumée. Un Négociant, dont je me servois pour
faire des découvertes dans ce Pays,
fit un jour un voyage exprès pour
être témoin oculaire de ce Phéno-

même extraordinaire; mais y étant
arrivé un jour trop tard les flammes
étoient éteintes & il ne vit qu'une
fumée fort épaisse. Je n'ai jamais
pu être instruit que par ce Négociant sur les vrayes proprietés de
ce Lac inflammable; & j'ai toujours
souhaité que quelqu'habile Physicien
eût la curiosité de se transporter lui-
même sur les lieux, pour examiner
la nature du terrain & des environs,
de même que celle des Minéraux
renfermés dans la Terre, pour faire
des observations exactes sur le Lac
même & sur sa source, sur le temps
précis de son incendie, & sur la dif-
position de l'Air & du temps qui accompagne ce Phénomène singulier.
Je suis persuadé qu'on y feroit des
découvertes, qui donneroient un
nouveau jour à quantité d'autres
Phénomènes touchant les Eaux Minérales & autres Sources chaudes,
& principalement les vapeurs qui
s'enflamment souvent d'elles-mêmes dans d'autres endroits du Monde.

En attendant, comme ces Rela- Ses causes
Physiques.

tions portent toutes les marques de vraisemblance & que j'ose garantir la candeur de mon Négociant , j'hazarderai ici une explication Physique de ce Phénomène & de ses causes autant qu'elles me paroissent répondre aux particularités qui sont venuës à ma connoissance. Les recherches qu'on a faites ailleurs sur cette matiere , comme, par exemple , sur la prétenduë Fontaine brûlante près de Grenoble en Dauphiné * & sur la source inflammable de Lancashire dans la Grande-Bretagne * * , prouvent évidemment que ce n'est pas l'eau qui

---

* Ce n'est pas une Fontaine, mais plûtôt un petit district de terre , où l'on voit une flamme claire , & semblable à celle de l'Eau de vie qui voltige sur des especes de rocs d'ardoise morte & qui se perd dans l'air. V. *l'Hist. de l'Acad. des Sciences de l'an.* 1699. *pag.* 24.

** V. les *Transact. Philos.* N°. 26. *pag.* 482.

brûle en ces endroits , mais que
ce sont plutôt des exhalaisons sulphureuses qui s'élevent impercepti-
blement de la terre des environs , &
qui s'enflamment d'elles-mêmes ,
ou qui du moins prennent feu à l'approche d'une chandelle , & continuent ensuite de brûler avec une
flamme vive & claire. Or nous apprenons par les Observations des
Physiciens de nos jours , que les exhalaisons sulphureuses qui s'élevent
dans l'air , se dissipent insensible-
ment tant qu'elles sont assez rares ,
& en peu de quantité , c'est-à-dire ,
qu'à cause de leur legéreté , elles
montent de plus en plus , jusqu'à ce
qu'à la fin elles se dispersent tout-à-
fait ; mais qu'au contraire étant fort
abondantes & assez denses , elles
s'allument d'elles-mêmes , & brûlent avec une flamme souvent très-
brillante & durable. * Je conclus delà , que le Phénomène qu'on rap-

---

* V. *la Phys. Expérim.* de M. Wolffius, Tom. *II.* §. *142.*

porte du Lac d'Islande , dépend entiérement des exhalaisons sulphureuses , bitumineuses & autres sem-
blables , qui s'élevent du rivage .&
du fond du Lac , en perçant à travers l'eau , & qui , tant qu'elles ne
se trouvent qu'en très-petite quantité , se dissipent & disparoissent sans
qu'on s'en apperçoive ; mais lorsqu'elles sont accumulées, ou qu'elles
ont reçu de nouveaux accroissemens
des cavernes voisines , elles se con-
densent & éclatent à la fin avec
une flamme vive & durable pour
quelque temps. Je crois même qu'un
air chargé de brouillard & suspendu
sur la surface du Lac peut beaucoup
contribuer à avancer ce Phénomène : car nous sçavons par les principes de la Physique , qu'un air épais
& humide condense les vapeurs &
les empêche de monter plus haut ,
& d'un autre côté nous apprenons par
l'expérience de la Fontaine de Grenoble , qu'elle brûle beaucoup plus
fort en hyver & par un temps humide qu'en été , où elle cesse souvent
d'elle-même de brûler , surtout dans
                                    les

les plus grandes chaleurs, qui, comme nous ſçavons , ne ſervent qu'à
raréfier & à diſſiper les vapeurs. *
Au reſte il eſt naturel que la totalité
des exhalaiſons ſulphureuſes & autres s'étant conſumée par le feu, la
flamme ceſſe en manquant de nourriture & par conſéquent s'éteigne
d'elle-même. C'eſt ainſi que les Volcans n'exercent leur fureur que
quand ils ont dans leurs entrailles
une proviſion ſuffiſante de matieres
combuſtibles : leſquelles étant con-

---

* On remarque la même choſe à
ces flammes qui voltigent ſur le Mont
*Pietra Mala* dans l'Apennin. V. *les
Mémoires de l'Acad. des Sciences , de
l'an 1706. p. 336.* Ceci ſe trouve
encore confirmé par l'expérience faite
avec pluſieurs Phoſphores, qui ne s'allument point du tout , ou que très-len-
tement par un temps ſerein , & par un
beau Soleil ; mais qui prennent feu
promptement , & brûlent avec une
flamme fort vive par un temps couvert
& pluvieux.

*Tome I.* C

fumées, ils cessent de brûler, & ne re-
commencent à jetter leurs flammes,
qu'après avoir tiré de nouveaux accroissemens de matiere combustible
des terres voisines. Si le Lac d'Islande
fume encore pendant quelques jours,
après que les flammes ont été éteintes, cela vient, à ce que je présume,
de ce qu'il se trouve sur le fond du
Lac encore quelque bitume épais
qui continue peut-être à brûler pendant quelque temps, & dont la fumée
épaisse traverse l'eau, ne trouvant
point d'autre ouverture. Ce qui me
paroît le plus difficile à expliquer
touchant ce Lac merveilleux, c'est
cet accroissement régulier de matiere combustible, qui doit se faire trois
fois par an, & cela avec tant de pré-
cision que l'incendie se borne chaque fois exactement à 15 jours.
Cependant la singularité de la chose
ne sçauroit me déterminer à douter
de la vérité de cette circonstance,
& nous devons être persuadés, que
la nature peut produire dans les entrailles de la terre quantité d'effets
cachés, dont les causes & les vraies

circonſtances ne feront jamais ap-
profondies par les plus ſçavans Phy-
ſiciens. Pourquoi voudroit-on que
ces circonſtances quoique difficiles
à expliquer fuſſent moins poſſibles
que ce que le célébre M. *Scheuchzer*,
ſi ſçavant & ſi croyable dans l'Hiſtoire Naturelle, rapporte du Bain de
Weiſſenbourg,* qui change trois fois
par jour de degré de chaleur, ſe
trouvant le matin entre 7 & 9 heures,
depuis midi juſqu'à deux heures & le
ſoir entre 4 & 7 heures plus chaud
que dans les autres heures du jour ?

Lorſqu'on fait attention à tout ce
qui a été dit juſqu'à préſent & à la
quantité prodigieuſe de mines de
fer & de minéraux chargés de ſoufre
& de bitume, dont les derniers ſont
la vraie matrice des eaux chaudes,
& qui vraiſemblablement doivent
ſe mêler tous enſemble & fermenter
de différentes façons ; on ne doit
pas être étonné de trouver dans

Quantité de ſources chaudes.

---

* V. ſon *Hiſt. Nat. de la Suiſſe.*
*Part.* II. p. 342.

cette Isle tant de fontaines , fources & autres eaux chaudes de toute
espece. Un certain Capitaine de Vaiffeau, étant à la rade à Joekuls-Fioerd,
monta fur le Mont Joekul, qui eft un
rocher fort élevé. Ce Mont jettoit
alors une groffe fumée , & fon terrain
étoit fi chaud , qu'à peine y pouvoit-
on tenir la main. Il trouva au fommet un Lac paffablement grand ,
dont l'eau étoit prefque bouillante ;
mais il n'y vit point de flamme , ni
pendant le jour, ni pendant la nuit.
Dans le diftrict de Huufwick , proche
l'endroit où arriva l'incendie dont je
viens de parler , il y a une fontaine
chaude qui bouillonne réguliérement trois fois tous les quarts d'heure. Elle commence d'abord à s'élever
un peu , elle monte enfuite un peu
plus haut , & elle fort à la fin tout-à-
fait de terre. Elle s'abaiffe de même
à trois reprifes différentes , & elle
continue alternativement ce jeu nuit
& jour pendant toute l'année. La plûpart de ces fources font fi chaudes ,
qu'on peut y faire cuire du bœuf fans
beaucoup de peine , ce qui fe fait de

deux façons différentes. La première qui est fort simple , quoiqu'elle ne soit pas bien appétissante , est de suspendre la viande avec un fil dans l'eau , sans aucun vase ni autre attirail * ; l'autre, qui est plus composée & plus propre , est de mettre la viande dans une marmite avec de l'eau froide , & de la suspendre ainsi dans la vapeur chaude , qui en frappant contre la marmite la fait bientôt bouillir. ** Le Sieur de M***. rapporte que près de sa Fioerde on comptoit sept fontaines chaudes , les unes proche les autres, qui bouillonnoient toutes avec beaucoup de force ; & que dans ces environs il y avoit l'habitation d'un homme , qui pendant toute l'année ne se servoit point d'autre feu pour faire sa cuisine,

---

* *Zorgdrager* , Voyageur Hollandois, s'est servi de cette méthode. V. son *Origine de la Pêche du Groënland.* *ch. 7.* *

** *V. le Doct. Biorn* dans les *Transact. Philos. N. III. p. 238.*

qu'il avoit choisi pour cet effet une de ces fontaines, dont l'ouverture étoit assez étroite & qu'il y suspendoit sa viande cousuë dans un linge blanc & du gruau ou autre chose pareille dans une marmite.



Les sources mêmes en s'écoulant par-dessus leurs ouvertures forment d'abord une espece de ruisseau ou petite riviere, dont les eaux sont tiédes & fort claires; & quoiqu'il soit certain que par les exhalaisons sulphureuses, dont ces eaux sont chargées, elles doivent naturellement un peu étourdir la tête de ceux qui y entrent pour se baigner, il faut néanmoins avouer qu'elles sont fort agréables & très-salutaires. On voit toujours sur ces eaux certains oiseaux noirs, dont le bec est long & semblable à celui des beccasses, & qui se tiennent ici vraisemblablement pour donner la chasse aux insectes & petits limaçons, dont ces eaux fourmillent Je n'ai pas pu sçavoir si l'on y trouve des poissons; mais je ne vois pas de raison pour en douter, & d'ailleurs je me sou-

viens d'avoir obſervé autrefois pluſieurs eſpeces de poiſſons & principalement des carpes dans un étang
ou amas d'eaux tiédes à Bourzet,
où ſe déchargent les bains chauds
d'Aix-la-Chapelle. Je dois ajouter
à ceci qu'un homme de condition
de ce Pays m'a aſſuré que la tiédeur
ſalutaire de ces eaux faiſoient .de-
venir les poiſſons beaucoup plus
grands & plus délicats que n'étoient
ceux qu'on prenoit loin de cet endroit dans l'eau froide.

D'ailleurs les Négocians Danois
ſçavent depuis longtemps par expérience, que les eaux des fontaines chaudes étant toutes plus ou
moins minérales, ſont très-bonnes
à boire & auſſi ſalutaires que celles
des autres ſources de cette Iſle. *

Et ſalu-
taires à boi-
re.

* Je me ſouviens à cette occaſion
d'un endroit mémorable qui ſe trouve
dans l'*Ambaſſade de Turquie de Buf-
becq, Epître I. p. 17.* Le voici » *Illud
» quoque, dum Budæ eram, videre ju-
» vit, fontem qui eſt extrà Portam, qua*

Monta-
gnes.

*Les Montagnes* ou plûtôt *Rochers*
font formés d'une efpece de *pierre*

---

» *iter eft Conftantinopolin , in fummo*
» *mire ferventem , in cujus tamen fundo*
» *natantes defpicias Pifces , quos indè*
» *nifi coctos eximi poffe non putes !*
» c'eft-à-dire : » J'ai trouvé encore à
» Bude une chofe finguliere : c'étoit
» une Fontaine hors de la Porte
» de Conftantinople , dont les eaux
» étoient extrêmement chaudes par en-
» haut , & au fond de laquelle on
» voyoit néanmoins nager des Poiffons
» qu'on auroit cru ne pouvoir en tirer
» que cuits. » Je conçois une maniere
très-aifée d'expliquer ce Phénomène ,
en fuppofant d'abord que l'eau du fond
eft froide , & qu'un petit ruiffeau d'eau
chaude fortant de côté , & ayant fes
eaux plus legeres par la chaleur que
celles d'en-bas , paffe fi legérement &
avec tant de rapidité par-deffus celles-
ci , qu'il ne leur communique guéres
de chaleur , loin de la faire pénétrer
jufqu'au fond , où par confequent les
Poiffons peuvent fubfifter , fans peut-
être même la fentir.

crüe & sabloneuse & selon toute vraisemblance elles renferment en dedans des couches de *Marbre :* car
non seulement on en tire en Suede
& en Norwege, mais on trouve
souvent sur le rivage de cette Isle
même de petites pierres qui sont
de l'espece du marbre, à moins que ce
ne soient des fragmens détachés des
rochers de quelque continent éloigné & amenés par la Mer jusqu'au
rivage de l'Islande. Je sçais d'ailleurs, que dans le fameux Cabinet
d'*Eeckhoff* de Lubec, qui est maintenant entre les mains du Bourg-
mestre *Munter*, il se trouve deux
morceaux de marbre, l'un rouge &
l'autre verd, qui à ce qu'on prétend
ont été envoyés d'Islande. Mais personne ne s'est jamais avisé de chercher ici des marbres ni d'en ouvrir
les carrieres. Les habitans du Pays
n'en ont pas besoin pour leurs misérables demeures, & les étrangers
n'en veulent point, parcequ'ils trouvent dans des endroits moins éloignés du marbre à meilleur compte
& même de meilleure qualité, c'est

à-dire, plus dur & d'un plus beau poli que celui d'Islande : car nous sçavons par l'expérience, que dans les Pays froids ces sortes de pierres ne parviennent pas à cette dureté ni ne prennent jamais un si beau poli que celles qui sortent des carrieres des Pays bien chauds ; ce qui doit s'entendre généralement de toutes sortes de pierres tant communes que précieuses, & je suis même en état de prouver par plusieurs morceaux curieux de mon cabinet, que les pétrifications parviennent en Asie à un degré de dureté beaucoup plus considérable qu'en Europe.

Crystal. La même chose a lieu au sujet des *Crystaux*, dont on trouve de temps en temps par hazard quelques morceaux dans les cavernes des rochers. Ils sont mols & fragiles, & l'on ne sçauroit les travailler.

Espece particuliere. Cependant il y en a d'une espece singuliere, qu'on trouve en plusieurs endroits, & principalement au pied d'une montagne proche *Roer-Fioerde*, & qui est connue sous le nom de *Crys-*

*tal d'Iſlande.* Les lettres , & généralement tous les objets qu'on regarde
à travers ce Cryſtal, ſe repréſentent
doubles. Il eſt difficile d'expliquer
d'une maniere ſatisfaiſante la proprieté merveilleuſe de ce Cryſtal ,
dont la réfraction paroît s'écarter abſolument des principes de la Phyſique & des Mathématiques. *

Mais à proprement parler , cette   Sa vràye
nature.

---

* *Eraſme Bartholinus* a publié en
1670. à Coppenhague, un *Traité* particulier *du Cryſtal d'Iſlande ,* & le célébre M. *Huygens* s'étend beaucoup ſur
cette réfraction extraordinaire dans ſon
excellent Ouvrage de la Lumiere , qui
a paru à Leyde en 1690. M. *de la Hire*
a obſervé le meme effet dans une eſpece de Talc , ou plutôt Pierre ſpéculaire , qui eſt l'eſpece la plus fine de Plâ-
tre , & qu'on trouve ſur la Montagne
de Montmartre ; & il expoſe ſes pen-
ſées ſur ce ſujet , dans les *Mémoires de
l'Acad. des Sciences , de l'an 1710.
p. 341.*

eſpece n'eſt pas un Cryſtal; mais plutôt une Pierre ſpéculaire, ( *Lapis ſpecularis* ) de la plus dure eſpece, ou un Sélénite Rhomboïdal, que les Mineurs Allemands appellent *Spaat*, ou *Spaat luiſant*, ou encore *Spaat ſpéculaire*, ſelon la différence des lieux où il ſe trouve. En effet, ayant fait venir il n'y a pas longtemps pluſieurs eſpeces de *Spaat* des Mines de *Clauſthal* dans les montagnes du Hartz, j'eus le bonheur de trouver dans le nombre une eſpece qui double de même les objets; mais qui n'eſt pas ſi tranſparente que celle d'Iſlande. Je crois cependant que c'eſt une Découverte, à laquelle perſonne ne ſe ſeroit attendu.

Pierre Ponce.

On trouve dans cette Iſle, deux eſpeces de *Pierres-Ponces*, l'une griſe & l'autre noire; mais elles ſont toutes deux fort impures. Elles ſont jettées par les Volcans dans les temps qu'ils ravagent le Pays.

Métaux.

Il me paroît très-vraiſemblable, que les montagnes de cette Iſle ſont remplies de *Métaux*; car non ſeulement je ſçais de bonne part, qu'on y

trouve souvent des *Marcassites* chargées de fer , du Minéral *de Soufre,* &
quelquefois des *Pierres d'Aigle ,* qui
tiennent ordinairement du fer;* mais
j'apprends aussi par le *Museum de
Wormius ,* pag. 123 , qu'on lui
avoit envoyé d'Islande plusieurs gâ-
teaux de *fer pur ,* tel qu'il s'étoit
formé dans les Mines de cette Isle.
Je ne sçaurois dire , si outre le fer
il y a ici d'autres especes de Métaux :
car autant que j'ai pu pénétrer par
mes recherches , on ne s'est jamais
avisé de fouiller les entrailles de la
terre , & selon toute apparence on
n'entreprendra jamais de le faire
tant à cause du danger extrême qu'il
y a de fréquenter ces affreuses mon-

---

* *Jacobæus* dans son *Museum Regium.* Ch. I. Sect. 7. n. 62. rapporte d'après les papiers de *Gadmund d'Islande ,* qu'on en trouve de 60 sortes
différentes , parmi lesquelles il y en a
certaines especes fort singulieres ; mais
il me paroît que cette relation deman-
de de nouvelles preuves.

tagnes, que faute de bois dont cette
Isle manque absolument, & qui cependant est si nécessaire pour les bâtimens & les travaux des Mines.

*Bitume.*      Les *Bitumes* au contraire sont
fort abondans ici, & l'on en trouve
partout quantité de vestiges. Je ne
*Tourbes.*    parlerai que des *Tourbes*. Il est vrai
qu'elles ne sont pas en grande abon-
dance, & celles qu'on creuse dans la
partie méridionale de l'Isle, sont
fort mauvaises; car comme elles sont
fort chargées de soufre, elles se con-
sument promptement, & jettent une
puanteur insupportable. Cependant
il y en a de bonnes dans certains endroits, comme à Haven-Fioerde, où
elles sont excellentes, noires, pe-
santes & fermes, & les habitans ne se
servent pas d'autre feu pour le chau-
fage. J'ai aussi entendu parler de
Tourbes de Mer, qu'on brûle dans
cette Isle ; mais je ne sçaurois
rien dire de positif sur ce sujet.

*Ambre*    Je citerai encore, comme une preu-
*noire.*    ve évidente de l'abondance du Bitume en cet endroit, *l'Ambre noir*,
( *Gagathes*, ) dont on trouve ici sou-

vent des morceaux allumés, qui brûlent comme une chandelle, & dont
les Islandois se servent pour plusieurs
usages superstitieux qu'ils tiennent
de leurs ancêtres. Nous sçavons même d'ailleurs, que d'autres Peuples
en font les mêmes abus. * Il y a dans
cette Isle, une autre Pierre très noire & luisante, qui ressemble assez
au *Gagathes*, soit par sa figure extérieure, soit par sa substance bitu-
mineuse ; mais qui en diffère considérablement par sa dureté, & par
d'autres qualités. Les Danois l'appellent *Agathe noire*, & comme il s'en
trouve des morceaux d'une bonne
grosseur, ils en rapportent souvent
pour les trafiquer. Cette Pierre est
extrêmement dure, & elle fait du
feu comme une véritable Agathe ;
mais ce n'est vraisemblablement autre chose qu'un scorie ou vitrification très pure, unie & fort bitumi-
neuse, formée ainsi par la violence

---

* *Cæsius, de Mineralibus.* **Liv. III.**
Chap. 7. Sect. 16.

du feu souterrain. Lorsqu'on frape
contre quelque coin ou endroit mince, elle éclate comme le verre, au
quel les petits éclats ressemblent
tout-à-fait. On ne sçauroit m'objec-
ter, que cette masse n'étant qu'une
vitrification ne doit pas faire feu,
puisque nous voyons tous les jours
que les scories terrestres des métaux
fondus par un feu violent le font
de même. Je garde dans mon cabinet une scorie de Lisbonne, qui
est si dure qu'elle prend le poli
d'une glace & qui étant frapée contre l'acier rend beaucoup plus d'étin-
celles que celle d'Islande. Le dernier
Roi de Danemarc ayant eu un gros
morceau de cette espece de pierre
en fit faire une jatte avec un cou-
vercle & l'on prétend qu'il a fallu
quatre ans pour l'achever. En effet
il faut beaucoup de précaution &
d'adresse pour la travailler, parce
qu'elle éclate aisément sous l'instrument. Un de mes amis ayant voulu
faire graver un cachet dans une
pierre de cette espece, le Graveur,
qui peut-être n'étoit pas des plus

habiles,

habiles, n'en put jamais venir à bout.
Au refte, on en fait toutes fortes de
bijoux, que les femmes en deuil portent au col & aux oreilles, des man-
ches de couteaux &c. En examinant
cette pierre avec attention j'ai pen-
fé qu'elle eft peut-être la véritable
*Pierre Obfidienne* des Anciens : car
felon la defcription que nous avons
de celle-ci elle reffemble parfaitement à notre fcorie d'Islande. *Pline*
dit entr'autres : » Dans le genre de
» verres on compte auffi les Bocals
» Obfidiens qu'on appelle ainfi à
» caufe de la reffemblance que cette
» matiere a avec la pierre qu'*Obfi-*
» *dius* a trouvé en Ethiopie. Elle eft
» très-noire, fouvent d'un gros tranf-
» parent, & elle fert de miroir dans
» les murs pour rendre les images. *

---

* *Hift. Natur.* Liv. *XXXVI.* Ch.
26. Sect. *67. In genere vitri & Obfi-
diana* ( fcil. Pocula ) *numerantur ad
fimilitudinem lapidis, quem in Æthio-
pia invenit Obfidius, nigerrimi coloris,
aliquando & tranflucidi craffiore vifu*

*Iſidore* en parle encore plus clairement. „Cette pierre, dit-il , eſt
„ noire & ſouvent verdâtre , quel-
„ quefois même d'un gros tranſpa-
„ rent « &c. & ailleurs: „ la pierre
„ Obſidienne eſt noire, tranſparente
„ & elle reſſemble à du verre. On
„ l'applique au mur en guiſe de mi-
„ roir pour rendre les images. „ *
Notre Pierre d'Islande eſt de même
fort noire & luiſante , mais quand
on la fend par lames , elle devient
demi-tranſparente. Elle eſt plus opa-
que que le verre , mais au reſte elle
lui reſſemble en tout & eſt en effet
une véritable vitrification. On pourroit même en faire des lames un

---

*atque in ſpeculis parietum pro imagine
umbras reddente &c.*

* *Origen.* Liv. *XVI*. Chap. *15. Eſt
niger interdum & virens , aliquando
& tranſlucidus craſſiore viſu*, Et Chap.
*4. Obſidius lapis niger eſt , tranſluci-
dus & vitri habens ſimilitudinem. Po-
nitur in ſpeculis parietum propter ima-
ginum umbras reddendas.*

peu épaisses & en garnir les murs,
où elle feroit en quelque façon l'effet des miroirs en représentant les
figures. Il est vrai que nous ne sçaurions si bien la graver ni la sculpter
qu'on faisoit du temps de Pline auquel on en formoit des bustes &
des cachets ; mais cette circonstance
ne change pas le genre de la pierre.
L'espece ancienne étoit peut-être plus
dure que celle d'Islande & les Ro-
mains étoient sans contredit meilleurs Graveurs & Sculpteurs que ne
le sont les Danois aujourd'hui.

Le *Soufre* natif, comme je l'ai
déjà dit, est très-abondant partout
où l'on creuse un peu au-dessous de
la surface de la terre. On en trouve
souvent par tas & en morceaux de
la grosseur du poing ; & il en transpi-
re partout sur les rochers en si grande
quantité, qu'on peut en amasser tous
les 2 ou 3 ans de bonnes provisions,
en raclant avec un fer propre à cet
usage. En effet, on en tiroit beaucoup autrefois, & l'on en faisoit
commerce hors de l'Isle. Il n'y a que
peu d'années, que dans le district de

Soufre.

Hufwickhawen, où il y en a plus que
partout ailleurs dans l'Isle, il y avoit
une perfonne privilégiée du Roi qui
en amaffa une fi grande quantité,
qu'il en put envoyer en une feule fois
deux ou trois cens tonneaux à Coppenhague, où on le prépare enfuite
à la maniere accoûtumée ; mais on
a ceffé encore une fois de tirer
le Soufre de cette Ifle, parce que les
habitans le trouvent mauvais, & ne
fe prêtent pas volontiers à ce travail,
qui fait tort à leur pêche, dont ils
tirent la plus grande partie de leur
fubfiftance.

En effet, ce qui me paroît très-
remarquable, on a appris par l'expérience, que les poiffons fe diffipent
du rivage, où l'on ne fait que fimple-
ment laver la mine de Soufre, pour
en ôter les ordures & la pouffiere,
& qu'ils quittent entiérement la Rade, s'il s'y trouve un Vaiffeau chargé
de ce Minéral. Une barque de Pêcheur frottée tant foit peu avec du
Soufre en dehors, chaffe le poiffon
partout où elle va ; & fouvent tel
Pêcheur, pour jouer un tour à fon

voisin, frotte un peu de soufre au fond de sa barque, ou en cache un petit morceau dans quelque fente & lui fait ainsi manquer sa pêche. Je dois encore remarquer à ce sujet, que les habitans des Isles de Farroe, se servent de cette invention, pour chasser ou détourner cette espece fatale de Baleines, qui culbutent souvent leurs barques, & qu'ils appellent *Trold Hual*, Ils font un trou sur le devant, & après y avoir mis du *Castoreum*, ils y remettent un bouchon. D'autres amenent avec eux des morceaux de bois, dans lesquels ils ont fourré du *Castoreum*, & les jettent sur la Baleine aussitôt qu'elle vient pour les attaquer; ce qui la fait couler à fond comme une pierre. On prétend que la même chose arrive aux hommes, qui portent du Castoreum sur eux. *V.* à ce sujet *Bartholin. Histor. Anatom.* Cent. II. & *Luc. Jacobsoen Debes Faeroæ*, p. 168. qui ajoute encore selon le rapport des Habitans de ces Isles, qu'au défaut du *Castoreum* ils portent avec eux des coupeaux de bois de Genevrier, qu'ils jettent aux poissons; ce qui l'envoye promptement au fond. On m'a de même assuré, qu'un vaisseau chargé ou enduit en dehors de chaux chasse absolument toute sorte de poisson. Nous devons admirer ici la subtilité étonnante du goût & de l'odorat, que le Créateur a donné aux animaux aquatiques, pour leur faire choisir leur nourriture convenable & éviter celle qui pourroit leur être nuisible.

Si cependant il s'agissoit de pénétrer la cause de cette aversion des Poissons, je comprendrois plus aisément celle qu'ils ont contre le Soufre, le *Castoreum* & le Genevrier, que celle qu'on leur donne contre la Chaux; car quant au Soufre, personne n'ignore qu'il jette des exhalaisons très-fortes, & qu'un petit morceau bien frais, renfermé dans une chambre close, en infecte l'air au point, qu'il devient insupportable; ce qui prouve en même temps, que c'est par l'odeur, que le Soufre affecte le Poisson. On sçait de même que le *Castoreum* & le Genevrier ont une odeur forte & aſſez deſagréable pour chaſſer ces Animaux. Mais les écoulemens de la Chaux n'ont rien de fort ni de piquant ; ce qui me porte à croire, que nonobſtant que l'organe de l'odorat ſoit beaucoup plus ſubtil dans les animaux que dans les hommes, ce n'eſt pas cependant ici l'odeur de la Chaux qui chaſſe le Poiſſon ; mais plutôt le goût piquant de de l'eau teinte de particules de Chaux, ſoit répanduë pendant qu'on charge le Vaiſſeau, ou détachée de ſa ſurface extérieure, lorſqu'il eſt chargé.

Le *Sel* ordinaire ou de cuiſine manque entiérement ici, & il n'y en a ni ſource ni mine dans l'Isle. Il n'y a point d'*Arbres* en Islande, ſinon dans ſa partie ſeptentrionale. Un gros Négociant de Coppenhague m'a aſſuré, qu'entre Huuſwick & Olfioerde, qui ſont à environ 6 lieuës l'un de l'autre, il y a une forêt de Bouleaux de trois quarts de lieuës ; mais dont les arbres ne ſont pas élevés, n'ayant des troncs que de la groſſeur du bras. Un autre m'a rapporté, que près du Couvent Thing-Oere, il reſ-

L'Iſle manque de ſel.

Et d'arbres.

toit encore un petit bois, dont la
plûpart des Arbres étoient des Bouleaux ; mais ſi chétifs & bas, qu'un
homme monté ſur un petit cheval
du pays, en pouvoit aiſément atteindre le ſommet. Dans d'autres endroits, on ne voit qu'un petit nombre de Saules de Marais fort baſſes,
qui bordent les ruiſſeaux ; & par-ci
par-là quelques petits Buiſſons, comme Ronces, Genevriers, &c. que les
habitans coupent avec beaucoup d'é-
pargne, & dont ils font du charbon
pour le petit nombre de Maréchaux
qui demeurent dans l'Isle. Cependant il eſt vraiſemblable, que le bois
n'a pas manqué ici autrefois : car non
ſeulement les anciennes relations
parlent de leur abondance ; mais on
voit même dans certains endroits,
des reſtes de vieilles racines, & lorſqu'on creuſe dans la terre, on y trouve quantité de bois embourbé, qui
eſt bleu, & tout-à-fait durci.

Bons pa-
turages &
quantité
d'herbe.

Au reſte, quoique la croute de la
terre fertile qui couvre ce pays, ſoit
très-mince, on y trouve néanmoins,
& principalement du côté du Nord,
de

de bons *Pâturages* arrosés d'eau, où l'herbe vient jusqu'à la hauteur de plus d'un pied, étant entremêlée de quantité de plantes fort grasses & odoriférentes, & où le Bétail s'engraisse & devient d'un goût exquis. Tout ce que les Bestiaux & les Moutons laissent sur terre, est ramassé soigneusement par les habitans pour les provisions d'hyver. Cette espece de moisson, car il n'y en a pas d'autre ici, est très pénible ; car comme le terrain est par tout raboteux & pierreux, on ne peut pas se servir de faux ordinaires ; mais on est obligé de couper l'herbe par petites parties avec des faucilles, entre les tas de pierres, & dans les creux des rocs. Cette façon difficile, jointe à l'imperfection des instrumens qui se font dans le pays, allonge le travail, & fait qu'on n'avance pas beaucoup dans une journée.

L'Islande ne manque pas non plus de *Plantes* salutaires, parmi lesquelles on distingue surtout, la Cuillerée (*Cochlearia*) & l'Ozeille (*Acetosa*) qui y viennent en très-grande quan-

*Plantes salutaires.*

tité, & qui par une fage direction
de la Providence font fupéricures
ici en vigueur & en vertu aux mêmes
Plantes des autres Pays, comme
étant propres au befoin de ce Climat & infaillibles dans les maladies
populaires. Je ne rapporterai de leur
effet merveilleux qu'une feule preuve qui m'a paru très-remarquable.
Un Vaiffeau revenant en 1700. de
Tranguebar, & ayant manqué d'a-
border au Cap de Bonne-Efpérance,
foit par l'erreur des Pilotes, ou par
l'avarice du Capitaine, qui voulut
peut-être épargner les frais des ra-
fraîchiffemens, fon équipage fe trouva à la fin dans un état fi déplorable
qu'il n'y avoit plus que 5 ou 6 hommes en état de manœuvrer. On ré-
folut de pouffer vers l'Iflande, & le
Vaiffeau étant heureufement entré
dans Holmhavn le Capitaine pour
finir fes maux voulut faire échouer
le Vaiffeau contre terre, lorfqu'un
Vaiffeau Danois qui chargeoit à la
rade, & qui reconnut le Pavillon,
lui envoya promptement du fecours.
On jetta les ancres, & après avoir

assuré le Vaisseau, on mit les malades à terre. On ne leur donna que
de la cuillerée & de l'ozeille dans
du lait chaud avec un peu de mouton , & ils furent parfaitement réta-
blis , les uns dans 8 jours , les autres
dans 15 ; & en moins d'un mois après
leur arrivée ils furent en état de retourner à bord de leur Vaisseau , de
lever les ancres eux-mêmes , & de
continuer leur route en jouissant
d'une entiere santé. Tous nos Marins qui ont fait le voyage du Groenland , ne sçauroient assez louer la
vertu de ces mêmes herbes , qui
viennent pour le moins aussi bien
qu'ici dans l'Isle de Jean Mayen ,
à Spitzberg , &c. Nos Matelots étant
arrivés à la hauteur de ces Isles , sont
ordinairement attaqués du scorbut,
tellement que toutes les dents leur
branlent dans la bouche , & qu'ils
sont à peine en état de faire le service. Ils cherchent alors la terre aussitôt qu'il est possible , pour profiter
du secours de ces Plantes qui les guérissent sur le champ , en leur donnant , pour ainsi dire, de nouvelles

forces, & une nouvelle vie. On m'a
parlé encore d'une autre herbe, qui,
à ce qu'on prétend, ne croît que dans
peu d'endroits ; mais on n'a pas sçu
la nommer, ni en donner la description : on m'a dit seulement, qu'é-
tant bouillie dans du lait, elle avoit
le goût du gruau de millet. *Jacobæus*
dans son *Museum Regium. P. I. Sect.*
*6. n.6. & 7.* parle encore de deux
autres herbes excellentes & très-salutaires, dont l'une est appellée en ce
pays, *Fuglar gras*, ( *Herba avium*
*Islandiæ*, ) ou· *Akur - Lodar - gras*,
& l'autre, *Fialla-gras* ou *Fioeru-gras*,
( *Muscus Catharcticus Islandiæ.* )

Point de Fruits de Terre,      Les *Fruits de Terre* ne viennent
point du tout ici, soit à cause du
mauvais terrein, ou par rapport au
froid énorme, joint au vent du
Nord, qui est très-pénétrant. On a
souvent fait des essais avec des raves,
& des racines de toute espece, mais
on a toujours échoué.

ni de Bled.      Il est encore moins possible de cultiver la terre, pour faire venir du
*Bled* ; car quand même on se donne-
roit la peine d'ôter les pierres, &

d'améliorer la terre en la fumant, le petit été de ce Pays ne seroit jamais affez long pour conduire le bled à fa maturité ; & c'eft pourquoi le peuple de cette Ifle ne connoît point du tout le pain.

Quant aux *Plantes de Mer*, on n'a fçu me nommer qu'une feule efpece d'*Algue Marine*, qu'on appelle *Soel*, & qu'on donne au bétail tant fraiche que féche. Elle engraiffe promptement, mais le goût de la chair répugne par fa fadeur. Dans des temps de difette les hommes en mangent eux-mêmes après l'avoir fait griller. *Jacobæus*, *à l'endroit cité*, *n. 3*, donne la defcription & la figure de cette herbe fous le nom d'*Alga Saccharifera Islandiae*. On prétend qu'elle caufe des vents & qu'elle purge fortement quand on en mange beaucoup. Il eft facheux que nos Botaniciens, foit par l'éloignement de la Mer, foit par la difficulté du fujet, ne fe foient pas appliqués à faire des collections, des divifions exactes, & des Defcriptions circonftanciées des Plantes

Plantes Marines.

Marines : en effet le peu d'étude
que j'ai fait dans cette matiere, &
le petit nombre de ces plantes que
j'ai pu amasser, m'a fait connoitre
que tout amateur des produits de
la nature peut trouver dans un sujet aussi négligé de quoi se satisfaire
au-delà de toute imagination, en
considérant leur quantité, leurs dif-
férences, leur construction, couleur, accroissement sans racines &c.
& en faisant en même temps attention que la main du Créateur n'a
produit rien que de bon & d'utile,
je veux dire, que ces végétaux pour
la plus grande partie inconnus ou
du moins regardés comme indiffé-
rens servent de nourriture convenable à beaucoup de créatures, &
pourroient même en servir aux hommes dans le besoin, sans les res-
sources qu'ils y trouveroient dans
les maladies, si le luxe qui les porte
à courir après les choses étrangéres
& précieuses ne leur faisoit mépri-
ser ce qui est commun & facile à
trouver. Il est bon de consulter à ce
sujet la belle *Description des Isles*

*Occidentales d'Ecoſſe de M. Martin*, où l'on trouvera des traits remarquables des Habitans de ces Iſles écartées, qui vivant dans la vraye ſimplicité naturelle & ſçachant faire uſage du peu que la nature leur a donné, font honte aux peuples plus policés qui au milieu de l'abondance ne ſçavent pas ce qu'ils poſſédent. Ceux, dont je me ſuis ſervi pour faire des recherches en Iſlande, m'ont aſſuré qu'il y avoit au fond de la Mer certaines *Plantes Marines Coralliformes ;* mais ils n'ont pas ſçu les nommer ni en faire une Deſcription aſſez exacte pour les reconnoître. Quoiqu'il en ſoit, je ſuis certain, qu'on y trouvera entr'autres l'eſpece d'*Imperatus pag. 630.* appellée *Porus Cervinus*, qu'on voit ſi abondamment ſur les bancs des rochers ſitués près des Iſles de *Hitland*, & que je poſſéde dans mon Cabinet ſous le nom de *Madrepora erectior punctata & ramoſa, cornua cervina æmulans.*

On ne trouve dans l'Iſlande ni *Gibier*, ni *Bêtes féroces*, & c'eſt vrai-

Point de Bêtes Sauvages.

E iiij

femblablement parce que cette Isle
eſt de tous côtés fort éloignée du
Continent. On y voit quelquefois
arriver dans le printemps des *Ours*,
qui y viennent du Groenland ſur de
gros glaçons, quand le vent les pouſſe du côté de l'Iſle ; mais on établit
ordinairement vers ce temps des
gardes ſur la côte du Nord, & auſſitôt qu'on en apperçoit un ſeul, tout
le monde ſe met en devoir, & on
ne le quitte pas qu'on ne l'ait tué,
ſans quoi ces animaux dangereux ſe
multiplieroient bientôt dans les rochers inacceſſibles aux hommes, &
feroient impunément des ravages
terribles parmi les habitans diſperſés.

Sinon de Renards.    C'eſt vraiſemblablement de cette
façon, que les *Renards* s'y ſont gliſ-
ſés. Il s'en trouve en grande quantité dans l'Iſle. Ils ne ſont point rou-
geâtres, il y en a peu de noirs, &
communément ils ſont gris où bleu-
âtres en été, & blancs en hyver. C'eſt
en cette derniere ſaiſon, que leurs
peaux ſont le mieux garnies, & les
Islandois ont alors grand ſoin d'en

prendre tant qu'ils peuvent. Une averfion naturelle qu'ils ont contre les armes à feu, fait qu'ils ne fe fervent pour cet effet que des filets ou d'une machine de fer, qui reffemble à peu près aux cifeaux d'un Tailleur d'habit, & qui eft garni d'un agneau mort. Dans d'autres temps, où fans envier la peau de ces animaux, ils ne cherchent qu'à s'en défaire, par rapport aux ravages qu'ils font dans leurs troupeaux, ils leur jettent des noix vomiques trempées dans du miel, & les Renards qui ne trouvent rien de doux ailleurs, les avalent avec beaucoup d'avidité.

Les *Chevaux* de cette Isle font pe-tits, courts & gros à proportion, comme dans tous les pays du Nord ; ce qu'on doit attribuer principale-ment à l'effet du froid, qui refferre & comprime tout, & empêche par-là l'accroiffement : * cependant ils

                                                             **Chevaux.**

---

   * On remarque ici la même chofe au fujet des autres animaux terref-tres, au lieu que ceux des Pays chauds

font forts & alertes, & avec cela mauvais & mordans. Les fatigues que ces
animaux endurent, font incroyables:
aussi s'y forment-ils dès qu'ils viennent au monde : car ils vivent pendant toute l'année en pleine campagne , & ils font dans la nécessité
de chercher leur nourriture dans la
neige dans toutes les saisons. Le feul
avantage qu'ils ont reçu de la nature ,
est qu'ils font couverts d'un crin extrêmement roide , long & épais , qui
leur vient ordinairement à l'approche de l'hyver.

Moutons.    Les *Moutons* , qui font petits, ont
le même fort que les chevaux. Il n'y

deviennent beaucoup plus grands à
caufe de la chaleur qui dilate tout ,
comme nous en voyons l'expérience
dans les Chameaux , les Lions , les
Rhinoceros & les Elephans. On obferve précifément le contraire dans
les poiffons, dont les plus grandes
fortes , comme entr'autres les différentes efpeces de Baleines, ne fe trouvent que dans le Nord.

a point d'étable pour eux ni en hyver ni en été ; ils restent toujours en
pleine campagne où ils se mettent à
couvert sous les éminences saillantes
des rochers ou dans les creux des
montagnes & se nourrissent comme
ils peuvent. * Ils vivent toujours

---

* Les moutons ne sont pas mieux
gardés dans les Isles Danoises de Fer-
roe, qui ne sont pas fort éloignées
de l'Islande & qui sont au nombre
de 17 ou 18 tant grandes que petites, tenant environ un district de 15
lieuës de Danemarc de long sur 10
de large. Les montagnes n'y sont ni
hautes ni escarpées & ne sont presque jamais couvertes de neige, &
comme les pâturages y sont très-bons,
on y éleve beaucoup plus de moutons
qu'en Islande, mais qui courent les
déserts de même que dans cette Isle.
On rapporte, que ces animaux se
retirent en hyver sous les rochers dans
les endroits où ils avancent un peu
sur la plaine, & qu'ils s'y tiennent
serrés entr'eux autant qu'il est possi-

avec les chevaux, qu'ils suivent partout en hyver, pour profiter dans les
fortes gelées, du peu de mousse qui
reste à découvert dans les creux que
les chevaux font pour eux-mêmes
dans la neige, & où les moutons

---

ble, avec ce ménagement cependant, que ceux qui se sont bien chauf-
fés en dedans de la troupe vont relever de temps en temps ceux qui sont
en dehors & qui vont à leur tour se
chauffer pour relever ensuite d'autres.
On ajoute, que quand la terre est
gelée au point que ces pauvres bêtes
ne peuvent plus atteindre la bruyére
ou la mousse avec leurs pieds, elles
se mangent la laine les unes aux autres & se soûtiennent par-là jusqu'au
dégel. V. la *Norrigia illustrata de
Lauriz Wolff. pag.* 196. Les Habitans de ces Isles font en quelque façon plus heureux que ceux d'Islande
en ce qu'ils ont une espece de moisson. Cependant ils ne peuvent cultiver que de l'orge, & un tonneau de
semence en rend 20 à 30.

n'auroient pu atteindre avec leurs petites jambes. On a même souvent observé, que tourmentés par la faim ils mangent le crin des queuës des chevaux. Quand il neige avec un grand vent, ils se mettent à courir en quittant les montagnes, comme s'ils vouloient devancer le vent. Ils prennent alors ordinairement la route de la Mer, & s'y jettent quelquefois, ensorte qu'il en périt souvent des quantités considérables. Lorsque dans d'autres temps ils sont surpris par une neige subite & fort épaisse, ils en sont bientôt couverts ; & c'est alors qu'ils se joignent en grandes troupes, en mettant les têtes ensemble, & en abandonnant le dos à la neige sans se remuer. Ils y sont souvent tellement pris & roidis par le froid, qu'ils ne peuvent plus s'en tirer par eux-mêmes. La faim les oblige alors de se ronger mutuellement la laine, pour se soûtenir jusqu'à ce qu'ils soient tirés delà par la main des hommes : aussi les Paysans ne manquent pas de voler promptement à leur secours, aussi-tôt qu'ils

s'apperçoivent d'un pareil accident:
Ils connoissent l'endroit où se tient
la troupe, par la vapeur ou espece de
fumée qui s'éleve de son milieu, où
la chaleur concentrée tient une ouverture dans la neige, comme un
tuyau de cheminée. Au reste ces Moutons ont la laine fort grosse & rude,
ce qui vient de la froideur du Climat
& de la mauvaise nourriture, puisqu'il est constant que plus les Climats
sont doux, & les pâturages meilleurs, plus la laine des Moutons &
le poil des Chévres sont fins & tendres. * D'un autre côté il faut re-

---

* Je me contenterai de confirmer
ceci par le rapport que *Busbecq* fait
dans ses *Ambassades de Turquie*, I
*Lettre*, des Chevres précieuses de l'Asie
Mineure, qui ont le poil extrêmement
beau, fin & long: *Gramine*, dit-il,
*pascuntur per eos campos exili &
sicco, quod ad lanæ tenuitatem multum conferre certum est Nam con-
stat, alio translatis non manere ean-
dem, sed una cum pabulo mutari*;

garder la roideur de leur laine comme un bénéfice de la nature, qui
donne à chaque créature ce qu'il lui
faut selon les circonstances où elle
se trouve, & qui a si bien garni ici
ces animaux pour les garantir contre le froid terrible de ces Pays.
On ne les tond jamais. Cependant
il leur vient tous les ans de nouvelle laine, ce qui arrive ordinairement vers la *S. Jean* où ils peuvent se passer de leur ancienne couverture épaisse, qui se détache alors
autour de tout le corps & qui étant
entortillée & se tenant fortement

---

*totasque ita degenerare capras, ut vix
agnoscantur.* C'est-à-dire : Elles se
» nourrissent dans ces champs, d'une
» herbe fine & séche, qui à ce qu'on
» croit contribue beaucoup à la finesse
» de leur poil ; car il est certain que ce
» poil ne reste pas le même, si on les
» amene ailleurs, & qu'il change selon
» le pâturage, si bien que les Chévres
» mêmes dégénerent au point, qu'el-
» les ne sont plus reconnoissables. »

enſemble leur eſt ôté à la fois comme une eſpece de peau ſuperficielle.
C'eſt pour cet effet qu'on les aſſemble exprès en leur donnant la chaſſe.
Un berger accompagné de chiens
bien dreſſés pour cet effet monte
ſur une colline & ayant donné le
ſignal avec ſa corne les chiens ſe
détachent chacun de ſon côté &
chaſſent les moutons de tous les
rochers & autres endroits où ils ſe
tiennent ordinairement, en les faiſant entrer tous dans un certain
Parc immenſe qui eſt fort large ſur
le devant & qui ſe retrécit peu à peu
vers l'autre extrêmité.

Ils ont des cornes.  Il eſt très-remarquable, que généralement tous les moutons d'Iſ-
lande, tant les brebis * que les bé-

---

* Ceci n'eſt pas fort extraordinaire
dans les déſerts du Nord, & *Olaus
Magnus* dit dans ſon *Hiſt.* Liv. 17.
Chap. I. *Habet tota Septentrionalis
Regio magnorum arietum, ut &
ovium multitudines, in quibus fœmi-
na cornua gerunt arcuata,* c'eſt à-
liers

liers ont des *Cornes* extrêmement
grandes & entortillées. Ils en ont
même ordinairement plus de quatre
& souvent huit, * parmi lesquelles
il y en a quelquefois une qui sort
droit de la tête en avant, & les bêtes à cornes des autres Pays n'en
ont point du tout dans cette Isle.
On pourroit conjecturer que la nature a peut-être donné ici des cornes à tous les moutons en général,
pour se défendre contre les oiseaux
de proye, qui se trouvent dans cette
Isle en grande quantité & d'une
grosseur prodigieuse, & auxquels ces
pauvres animaux, qui errent conti-

---

» dire : » Dans tout le district du Nord
» il y a quantité de gros moutons,
» dont les femelles mêmes ont des cor-
» nes courbées en arc. » *Martin* remarque aussi la même chose touchant les
moutons des Isles Occidentales d'Ecosse. V. sa *Description*, *p. 19*.

* *Olaus Magnus*, dans l'endroit cité, rapporte la même chose des Béliers de l'Isle de Goenland.

nuellement dans les déserts , sont
plus exposés que dans d'autres Pays.
Le gros bétail au contraire , qui
n'a rien à craindre de ces Oiseaux ,
ni des bêtes sauvages , puisqu'il n'y
en a point dans l'Isle , semble ne pas
avoir besoin de cornes pour sa dé-
fense , & il paroît que la Nature n'a
pas voulu l'en charger inutilement.
Je donne ceci comme une simple
conjecture de ma part ; mais il me
paroît bien difficile de pénétrer la
vraye cause naturelle de cette singularité. *

------

* On sçait que le poil , la laine , les
ongles & les cornes dans les quadru-
pedes , de même que les plumes dans
les Oiseaux , & les écailles dans les
Poissons , viennent originairement de
la sécrétion de certains fluides super-
flus dans le corps de ces animaux ; &
quoiqu'on ne les regarde proprement
que comme des excrémens du corps ,
il est néanmoins certain , que ce
sont des corps organiques , compo-
sés , comme les Plantes , de petits

Dans certains endroits de l'Isle tout le commerce consiste princi- 

---

tuyaux creux, qui croissent dans une certaine proportion de longueur, largeur, &c. V. à ce sujet, les *Mémoires pour servir à l'Histoire Naturelle des Animaux. p. 129. &c.* Nous sçavons aussi que ces fluides ou sucs, sont tempérés selon la qualité de la nourriture, & selon la faculté digestive, & autres dispositions des corps de ces animaux, & que c'est delà que vient cette grande différence dans la production des poils, ongles, cornes, &c. C'est ainsi que les sucs froids, aqueux & foibles donnent du poil fort long & flasque, des cornes longues, &c. au lieu que les sucs chauds & spiritueux, forment un poil court, serré & roide. Les cheveux des hommes sont ordinairement courts, roides & frisés, au lieu que ceux des femmes sont doux, longs & unis. Les Taureaux, dont le sang & la faculté séminale sont en pleine vigueur, ont des cornes courtes, ramassées & fort dures, au lieu

dans certains endroits.

palement en Moutons, & c'est là où les Paysans les gardent avec un peu

---

que les Bœufs, amollis par l'opération qu'ils ont essuyé, les ont minces, molles & longues. ( On peut conférer à ce sujet, l'*Hist. Natur. de Staffortshire*, de *Plot*. Chap. 7. §. 58. ) C'est ainsi de même que l'ergot d'un Coq, enté sur le front d'un Chapon, devient une corne courbe, d'une longueur prodigieuse. L'expérience prouve aussi, que le bétail qui vit dans des pâturages secs & maigres, a des cornes courtes, au lieu que celui qui jouit des pâturages humides & gras, les a fort grandes. On doit encore faire attention dans tout ceci à la différence du Climat. Dans les Pays froids, où il s'éléve peu de vapeurs, l'abondance des sucs produit de grandes cornes, au lieu qu'elles sont petites ou qu'il n'y en a point du tout dans les Pays chauds, où les sucs sont presque tous emportés par une évaporation continuelle. Ceci s'accorde parfaitement avec ce que rapporte le *P. Labat* dans sa *Des-*

plus d'attention. Ils n'envoyent dans
les Montagnes que les Béliers & ils

---

*cription du Voyage du Chev. Mar-
chais en Guinée & Cayenne Tom. III.
ch. 8.* où il dit que le bétail qu'ou y
avoit tranfporté de l'Europe , avoit
les cornes plus petites & plus minces
qu'ici , & que les Cerfs n'y avoient
pas plus de cornes que les Dains. Or
en faifant attention à tout ce que je
viens de rapporter ici , il me paroît
très vraifemblable que le bétail d'Iflande ne tire pas de fa mauvaife nourriture fuffifamment de fucs , pour qu'il
puiffe s'en former des cornes, & qu'au
contraire les Moutons en ont d'affez
longues quoique molles, parce qu'ils
y trouvent à leur façon une nourriture affez convenable quoique foible &
humide , comme l'eft généralement le
Climat de cette Ifle. Je foumets cependant ces conjectures au jugement
de ceux , qui par l'étude particuliere
qu'ils font des Œuvres de la Nature ,
& furtout de l'Œconomie Animale ,
doivent être plus au fait que moi de
ces Phénomènes finguliers.

gardent les Brebis chez eux autant qu'il est possible. Ils ont aussi une attention particuliere pour les Agneaux, & ils empêchent pour cet effet les Béliers de couvrir mal-à-propos les Brebis en leur attachant un morceau de drap ou de toile sous le ventre, qu'ils n'ôtent que vers le temps que les Agneaux qui en doivent venir puissent trouver de l'herbe dans la Campagne, c'est-à-dire vers la Pentecôte. Ces agneaux sont marqués à mesure qu'ils naissent, & chaque Paysan a sa marque particuliere pour distinguer les siens dans tout le nombre qui ne fait qu'un commun troupeau.

Rapacité des Corbeaux noirs.

Ces petits animaux délicats souffrent beaucoup d'une espece de gros *Corbeaux* noirs, qui se multiplient considérablement dans les déserts & sur les rochers de cette Isle. Ces terribles Oiseaux se jettent souvent'impunément sur les petits agneaux, & après leur avoir crevé les yeux, pour les empêcher de se sauver de leurs pattes, ils les mangent avant qu'on puisse venir au secours. Les Paysans ne manquent pas d'y courir auſſitôt qu'ils s'en apperçoivent ; mais ordinairement quand ils chaſſent le Corbeau, l'Agneau ſe trouve déjà aveuglé, & comme dans cet état il ne ſçauroit plus trouver ſa nourriture, ils le tuent & l'écorchent ſur le champ. C'eſt delà que viennent ces fourrures, ou petites peaux douces, qu'on trafique en Dannemarc & dans le pays de Holſtein, ſous le nom de *Schmaaſkin* ou *Schmaaſken*, * & qui eſt beaucoup en vogue parmi les gens d'un médiocre état.

Dans l'Automne, lorſqu'il s'agit de tuer du mouton pour les proviſions des Vaiſſeaux qui ſont à la rade, on les aſſemble par le moyen des Chiens, comme il a été dit ci-devant.

Comment chacun reconnoît ſon Mouton.

---

* Ce mot ſignifie *Pellicula*, *petite Peau*, & eſt compoſé du Danois *Smaa*, en Iſlandois *Smae*, en Suedois *Sma*, en Saxon *Schmætſch*, c'eſt-à-dire, *petit*, & de l'Iſlandois & Anglois *Skin*, en Danois *Skind*, qui veut dire *Peau*.

Cette Chasse se fait en présence de tous les Juges, pour éviter les disputes, & pour empêcher que personne ne soit lézé ; & il est alors permis à chacun, de retirer les bêtes qui portent sa marque.

Ce qu'on trouve dans l'estomac des Moutons.

On trouve fort souvent dans l'estomac des Moutons une boule ronde de la grosseur d'une bonne pomme, remplie en dedans de laine, de mousse &c. & entourée en dehors d'une croute de tartre grisâtre & dure. J'en possede une qui m'est venuë de Norwege & qui porte dans mon Cabinet le nom de *Tophus Ovinus Norwagicus.* Ces boules se forment sans doute de la laine & d'autres choses indigestes que les moutons avalent faute d'autre nourriture, & leur figure sphérique vient en partie du mouvement continuel de l'estomac, qui, comme nous sçavons, est agité sans cesse par ses membranes qui se croisent & le tirent alternativement en directions opposées ; ce qui comprime & roule continuellement ces matieres étrangéres. La croûte provient de la

viscosité

viscosité de l'estómac, qui en grossit le volume, & forme cette enveloppe à mesure que ces matieres augmentent. *

On ne peut point élever de *Chévres* en Islande. Leur nourriture, qui sont les tendres feuillages des arbrisseaux & des jeunes arbres, man-

Il n'y a point de Chévres.

---

* On trouve de même dans nos Pays de pareilles boules de poil consolidées, sans croute, & passablement grandes, dans les estomacs des Bœufs & des Vaches, & ces boules se forment vraisemblablement par l'habitude que ces Animaux ont de lécher les murs des maisons des Paysans, qui sont ordinairement construits de terre glaise mêlée de quantité de poil pour lui donner plus de fermeté. Il se peut encore qu'en se léchant aux endroits qui leur demangent ils en emportent avec leur langue raboteuse quantité de poil qu'ils avalent en mâchant & qui s'amasse ensuite en forme de boule par l'action de l'estómac qui agit uniformement de tous côtés.

que abſolument dans cette Iſle.

Les Bœufs & Vaches petits & ſans cor-nes.

Les *Bœufs* & *Vaches* ne ſont pas plus grands ici , que le plus petit bétail d'Allemagne , & comme je l'ai déjà dit , ils n'ont point de cornes. Ce ſont les ſeuls animaux qui ont l'avantage de demeurer ſous le même toit avec le Payſan , & ils y ſont nourris fort ſobrement avec le peu de foin qu'on peut tirer de la Campagne , ou au défaut de celui-ci, avec du *Soel*, ou *Algue marine ſéchée.*

Le lait eſt Médecine.

Le *Lait* eſt la principale Médecine des Iſlandois , & il n'y a que les malades qui le prennent tel qu'il ſort de la Vache. Le petit-lait , ( *ſerum lactis* , ) eſt une de leurs boiſſons ordinaires , & qu'ils eſtiment le plus , auſſi s'en ſervent-ils avec beaucoup d'épargne , & lorſqu'il devient vieux , aigre & trouble , ils y mettent de l'eau pour l'adoucir & le rendre moins dégoutant.

Mauvais Beurre.

Ils font beaucoup de *Beurre* , mais autant que j'ai pu apprendre ils ne ſçavent pas faire le fromage. La plûpart des Habitans gardent leur beur-

re dans des peaux de moutons cou-
ſuës enſemble, où ils l'entaſſent à
meſure qu'il ſe forme du lait. Il eſt ordinairement fort mal propre & rempli de poil, enſorte qu'un étranger
n'en peut goûter. D'ailleurs, comme
ils n'ont point de ſel pour le conſerver, il devient bientôt verd ou noir,
fort, & puant, & ce n'eſt qu'en
le fondant qu'on peut l'employer &
tout au plus pour la cuiſine des Matelots Danois.

Les Iſlandois ont auſſi une maniere
ſinguliere de *tuer le bétail*. Ils ne lui
donnent point de coup ſur la tête,
croyant que de cette façon le ſang
rentre dans la chair & que la viande
ne ſe conſerve point. Ils lui enfon-
cent un canif dans la cervelle, &
lorſque la bête tombe à terre, ils
lui lient promptement les jambes &
lui ouvrent la gorge pour faire écou-
ler tout le ſang. Ils commencent par
manger les entrailles ſans trop les
nettoyer, & dépecent l'animal. Au
lieu de frotter les membres avec du
ſel ils les paſſent deux ou trois fois
par l'eau de la Mer, & après les avoir

un peu laiſſe ſuſpendus à l'air , ils les mettent au-deſſus du foyer dans leurs cabanes , pour les faire ſécher tout-à-fait à la fumée. C'eſt ainſi qu'ils gardent leur viande de proviſion, moitié pourrie , moitié féchée , juſqu'à ce qu'ils en ayent mangé le dernier morceau. Ceux qui en ont le moyen , achetent un peu de ſel , & pendant que la bête eſt encore entiere , ils lui font dans trois ou quatre endroits des inciſions profondes , & mettent dans chacune une petite poignée de ſel , s'imaginant qu'il doit ſe diſtribuer parlà dans toute la maſſe , & la conſerver parfaitement pendant qu'elle reſte ſuſpenduë à l'air & dans la fumée. Ils en agiſſent de même avec la viande de moutons , lorſqu'ils en tuent pour les proviſions de leurs familles.

On ne ſçauroit élever ici des *Cochons* , attendu qu'on ne trouve , ni dans la Campagne, ni dans les maiſons de quoi les nourrir convenablement. Les *Chiens* & les *Chats* ſe trouvent ici comme partout ailleurs.

La *Volaille* domestique, comme Pigeons, &c. ne sçauroit subsister dans cette Isle, tant à cause du froid énorme & trop durable, que faute de nourriture, & même par rapport à la quantité immense d'Oiseaux de proye qui désolent l'Isle. Ceux qui ont le moyen, & qui prétendent vivre plus délicatement que les autres, ont soin d'entretenir dans leurs maisons deux ou trois misérables poules, qu'ils nourrissent fort sobrement avec du foin coupé & mêlé dans de l'eau avec un peu de farine.

Le *Gibier*, autant que j'ai pu le sçavoir, consiste en *Cailles*, en *Beccasses*, & en *Perdrix*, qu'on y appelle *Rypen*. * Ces dernieres sont les mêmes que celles qu'on appelle *Snoeriper* dans les Alpes de Lapponie. ** Elles se tiennent toujours à

*Point de Volaille.*

*Gibier.*

---

* *Riupa*, *Perdix Montana*, ou Perdrix des Montagnes. V. le *Lexicon Island.* de *Gudm. André.*

** V. la *Lapponie* de *Scheffer*, ch. 19. vers la fin.　　　Giij

terre , & ſont plus accoûtumées à
courir qu'à voler ; ce qui fait qu'on
les prend aiſément. Leurs pattes ſont
veloutées & tout-à-fait garnies de
petites plumes , pour les garantir
contre le froid exceſſif du Pays. C'eſt
delà que ces Oiſeaux & d'autres
ſemblables portent le nom de *La-
gopodes* parmi les Auteurs qui ont
écrit des Oiſeaux * . En Allemagne & en Suiſſe , on les appelle auſſi
*Poules à neige.*

Oiſeaux
de proye.
L'Iſlande eſt remplie d'une quantité prodigieuſe d'*Oiſeaux de Proye*
de toute eſpece , tels que les grands
*Aigles* , les *Vautours* , les *Eperviers* ,
les *Faucons* , les *Hiboux* , les *Corbeaux* & pluſieurs autres , dont il y
en a qui ont des noms particuliers ,
& d'autres qui n'en ont point.

On y voit différentes eſpeces
d'*Aigles* , qui tant ici que dans les
autres Iſles Septentrionales ** qui ne

---

* V. *Geſner des Oiſeaux Liv.* III.
pag. 576.
** *Wallace,* dans ſa *Deſcription des*

ſont pas fort habitées, font des torts 
conſidérables aux habitans, en dé-
truiſant principalement le jeune Bétail. Il y en a qui ſont d'une force
prodigieuſe & d'une hardieſſe étonnante. Ils n'attaquent gueres les
hommes ; mais on a remarqué qu'-
ayant gouté par hazard de quelque
cadavre noyé ou autrement mort &
abandonné, ils prennent ſi bien le
gout de la chair humaine, qu'ils
oſent enſuite enlever des enfans de
quatre ou cinq ans qu'ils emportent
dans leurs nids.

Il y a de même ici pluſieurs eſ- Eperviers.
peces d'*Eperviers.* On m'en avoit
un jour apporté un vivant de la petite eſpece qui n'étoit pas ſi gros
qu'un Pigeon. Il étoit marqueté de
pluſieurs couleurs & d'un brun jau-

---

*Iſles Orcades*, pag. 47. parle beaucoup de ces Oiſeaux, & dit entr'autres
que dans ces Iſles il y a une loi qui
autoriſe celui qui a tué un Aigle à ſe
faire donner une Poule de chaque
maiſon de la Paroiſſe où l'Aigle a
été tué.                    G iiij

Planche I.
Figure I.

nâtre sur le dos. Toutes ses plumes avoient un petit bord noir, & il avoit l'estomac blanc. Il vivoit chez moi avec les Pigeons & mangeoit avec eux; mais il conservoit toujours un air réservé & donnoit de temps en temps des coups de bec à ceux qui osoient l'approcher de trop près: ce qui le fit craindre par toute la troupe au point que chaque fois qu'on apportoit à manger aux Pigeons, aucun d'eux n'avoit l'hardiesse d'y toucher avant que l'Epervier eût mangé.

Faucons.    Les *Faucons* d'Islande , qui se tiennent en plus grande quantité dans la Partie Septentrionale de l'Isle , sont de différentes especes , grosseurs & couleurs. On les regarde comme les plus braves & les plus adroits de l'Europe pour la Chasse. Le Roi de Dannemarc envoye tous les ans un de ses Fauconniers avec deux ou trois Valets en Islande pour prendre & transporter à Coppenhague autant de Faucons capables de servir, qu'on en peut avoir , soit pour sa propre Fauconnerie , soit pour en faire des préſens dans des Cours Etrangeres. Le Roi paye pour chaque Faucon gris 5 écus d'Allemagne, pour un blanc & gris 10 écus, & pour un blanc 15 écus. *

---

* Les Faucons blancs ſont les plus rares & peut être auſſi les plus braves. Je trouve à ce ſujet un endroit ſingulier & digne de notre attention dans l'*Hiſt. Septentrion. d'Olaus Magnus Liv. XIX. Ch.* 23. *Subalbidus, dit - il, unguibus & roſtro audacius advolando ferit, non ita Falcones nigri, qui tardiores ſunt, quia corpora nigra ſeu fuſca poroſa ſunt, de facili evaporantia ſpiritus, qui ſunt vehicula virtutis, tuncque laſſantur & debilitantur, quamvis ſint agilia per naturam. E contra autem alba frigida conſertas habent carnes, & quia ſunt multi humidi, multorum ſunt ſpirituum & propter carnium conſertionem non cito evaporantia, & ideo diu durant in labore.* C'eſt-à-dire : » Le Faucon blan-
» châtre frappe plus hardiment en

On prend les Faucons par le moyen des Oiseaux dressés exprès pour cet effet, & posés à terre dans des cages. Ces Animaux voyent le Faucon à des distances incroyables dans l'air, & ils en avertissent d'abord par certains cris leur maître, qui se tient caché dans une petite tente couverte de verdure , &

—————————————————————

» volant avec son bec & ses ongles.
» Les noirs ne sont pas de même &
» ils sont plus lents, parce que les
» corps noirs ou bruns sont poreux,
» & qu'ils laissent facilement évapo-
» rer les esprits, qui sont les véhicu-
» les de leur vertu, se lassant alors &
» s'affoiblissant , quoique d'ailleurs
» assez agiles par eux-mêmes. Les
» corps blancs & froids au contraire
» ont des chairs ramassées, &, com-
» me ils sont fort humides , ils ren-
» ferment quantité d'esprits que la
» constitution de leur chair ne laisse
» pas sitôt évaporer , & c'est delà
» qu'ils sont plus propres à la fati-
» gue. »

lâche aussi-tôt un Pigeon attaché à une ficelle. Le Faucon, qui l'apperçoit, se plonge sur le Pigeon ; mais dès qu'il touche à terre, il est pris vivant dans un filet qu'on jette sur lui.

Quand le Vaisseau destiné à transporter les Faucons est prêt à mettre à la voile, on tue exprès pour eux un certain nombre de bœufs & de moutons, dont on accroche la viande aux mâts & aux cordages du Vaisseau. On amene même quelque bétail vivant pour le tuer successivement en chemin, au cas qu'on ne pût pas aborder à quelqu'Isle sur la route. Mais toutes les fois qu'on peut prendre terre quelque part, on n'y manque pas, pour faire provision de nouveau bétail tiré immédiatement du pâturage, parce qu'on prétend que les Faucons se portent beaucoup mieux en mangeant de la viande nouvelle. On en ôte toute la graisse, & on ne leur donne que du maigre coupé par filamens bien minces, & mêlé avec de l'huile & des œufs. On a soin de les peigner ou

Et de les transporter.

broſſer tous les matins , & en un mot on apporte toute l'attention imaginable pour les conſerver.

Etant dans le Vaiſſeau , ils ont les yeux couverts , & ſont poſés dans des chaſſis immobiles ſur des lattes minces de bois couvertes de gazon, & par deſſus de gros draps pour être aſſis mollement & en même-temps fraichement , ſans quoi leurs jambes s'échauffent & deviennent ſujettes à une eſpece de goutte. Le vuide compris entre les chaſſis & les lattes, eſt garni de cordes tenduës à travers & proches les unes des autres, afin que le Vaiſſeau étant agité par la Mer les Faucons trouvent où s'appuyer , & que leur chute ſoit legere s'ils ſe laiſſent tomber. J'ai appris toutes ces circonſtances d'un Négociant , qui avoit fait la route d'Iſlande à Coppenhague dans le Vaiſſeau qui menoit les Faucons du Roi.

Hiboux.    Il y a pluſieurs eſpeces d'*Hiboux* en Iſlande, tels que les *Chats-huants*, les *Hiboux à cornes* , les *Hiboux de Rochers* &c. Il y a plus de quarante

Epervier d'Islande.          Hibou blanc d'Islande.

ans qu'on m'apporta un Hibou tout blanc, qui avoit l'*Iris* jaune autour des yeux. J'en tirai alors le deffein que je repréfente ici gravé. Cet Animal s'étoit réfugié à la hauteur de l'Iflande dans un Vaiffeau qui alloit du Groenland à Hambourg, & l'équipage l'avoit pris. Lorfqu'on le mettoit fur une table, & qu'on lâchoit un Pigeon, il fe jettoit fur le champ d'enhaut fur lui, & après lui avoir arraché quelques plumes il lui mangeoit d'abord le cœur à travers le dos, enfuite les entrailles, & en dernier lieu la chair ; mais il n'y touchoit qu'après l'avoir affez bien plumée.

*Planche I.*
*Figure 2.*

J'ai déjà parlé des *Corbeaux* d'Iflande & des ravages terribles qu'ils font dans cette Ifle. On a remarqué dans plufieurs petites Ifles fituées aux environs de l'Iflande, principalement dans celles qui ne font pas habitées, que fur chacune il ne fe trouve qu'une feule couple de vieux Corbeaux qui s'étant emparés de tout le diftrict s'y maintiennent de force. Ils attaquent les autres Cor-

*Corbeaux.*

beaux qui veulent s'y établir & ne
les quittent qu'après les avoir chaffé
de leurs Etats. *

Oiſeaux aquatiques.

Les *Oiſeaux de Rivage* & autres
*Aquatiques* ſe trouvent ici en très
grande quantité & varieté, & il
n'y a perſonne des habitans qui les
connoiſſe tous & ſçache les nommer. On voit dans des endroits écartés, ou dans des Iſles inhabitées, des

---

* V. la *Norrigia illuſtrata de Wolff*,
pag. 225. Le D. *Martin* rapporte la
même choſe dans ſa *Deſcription des
Iſles Occidentales d'Ecoſſe*, pag. 47.
60. & 66. en parlant de trois petites Iſles, dans chacune deſquelles il
n'y a qu'une ſeule paire de Corbeaux
qui chaſſent avec beaucoup d'impé-
tuoſité & de bruit tous les Oiſeaux
de proye qui viennent pour s'y établir, & qui en font ſortir de même
leurs petits, auſſitôt qu'ils peuvent ſe
ſervir de leurs ailes. Il atteſte la même
choſe de deux paires d'Aigles dans
deux Iſles différentes. V. *pag. 26. &
299.*

rochers qui paroiffent tout blancs de leur fiente. Des troupes immen‑ fes couvrent, pour ainfi dire, la Mer jufqu'à 12 ou 18 lieuës de l'Ifle, & c'eft même par ces oifeaux qu'on commence à s'appercevoir qu'on les approche. Il n'y a que très-peu de ces oifeaux qui reftent pour hy‑ verner dans ces Pays; la plus gran‑ de partie qui y arrive dans le prin‑ temps s'en va vers l'hyver en re‑ prenant vraifemblablement le che‑ min des Climats plus chauds. Il n'eft pas difficile de deviner pour‑ quoi ces Oifeaux chériffent tant le féjour de l'Iflande, foit qu'on confi‑ dére la nourriture abondante que chaque efpece trouve ici felon fon goût & fes befoins par la quantité infinie de Poiffons, de Crabes, d'In‑ fectes &c. que la Providence leur fournit dans ces mers, foit qu'on regarde la fituation de l'Ifle & de fes rochers immenfes & inacceffibles aux hommes & aux renards, où ils peuvent bâtir leurs nids & faire leurs petits en toute fureté. Il y en a qui nagent continuellement sur l'eau, & qui cherchent leur nourriture en plongeant. D'autres se tiennent suspendus en l'air & guettent d'enhaut si par hazard quelque Poisson remonte vers la surface de la mer, que leurs yeux qui percent à travers l'eau apperçoivent sur le champ. Ils se plongent avec une rapidité qui égale l'éclair, & il est rare qu'ils manquent leur proye. On trouve la Description & les Figures de plusieurs de ces Oiseaux Aquatiques dans le *Voyage de Spitzberg & de Groenland de M. Martens.* Les Voyageurs de ces Pays que j'ai consulté à ce sujet n'y avoient pas fait beaucoup d'attention & ne pouvoient m'instruire sur bien des questions que je leur faisois.

On m'a rapporté entr'autres, qu'une grande *Mouette de mer* sçavoit adroitement tirer de l'eau un certain Poisson excellent, connu dans ces Pays sous le nom de *Runmagen* & ayant à peu près la figure d'un Corban, que cet Oiseau ayant pris son Poisson l'apportoit à terre,

n'en

h'en mangeoit que le foye & laiſſoit le reſte. On ajoute que les Payſans ne manquent pas de profiter de ces captures , & qu'ils inſtruiſent même leurs enfans à courir prompte-ment ſur la Mouëtte , auſſitôt qu'elle arrive à terre , pour lui enlever ſa proye.

Parmi les Oiſeaux aquatiques mangeables , dont il y a quelques uns d'un goût exquis , on compte principalement les *Cygnes* , les *Oyes* , les *Canards* , les *Plongeons* , &c. qui ne manquent jamais d'arriver ici dans le Printemps. *(Oiſeaux aquatiques mangea-bles.)*

Il y a parmi les *Oyes* , une eſpe-ce un peu plus groſſe qu'un gros Canard , connuë ſous le nom de *Margées* , qui y vient en ſi grande quantité , que leurs troupes ſont par milliers. Une autre eſpece appellée *Helſinger* , vient s'établir à l'Eſt de l'Iſle. Ces Oiſeaux ſont ſi fatigués en arrivant , vraiſemblablement par la grande route , qu'ils viennent de faire en traverſant la Mer , qu'on en peut tuer des milliers à coups de bâtons. *(Oyes.)*

*Tome I.* H

Canards.     Il y a plusieurs sortes de *Canards,*
la plûpart sont des especes de *Rouges.*
Quelques uns sont très-bons à manger, les autres, & particulierement
ceux qui ressemblent aux Cercelles
&c. répugnent par leur goût rance
& huileux. Cependant les Islandois
n'en sont pas dégoutés, & quand
la faim les presse, ils les mettent
dans leurs marmites tels qu'ils peuvent les attraper, & les ayant préparé à leur façon, ils les avalent sans
marquer la moindre répugnance.
L'espece la plus utile est le *Canard
à Duvet*; appellé en Islandois *Aeder-
fugl*, autrement *Aedder*, en Allemand *Eyder - Ente*, & mentionné
dans *Wormius* sous le nom de *Anas
plumis mollissimis.* Il est de la grosseur d'une Oye ordinaire, & l'on en
trouve la description dans le *Museum Danicum de Wormius, pag.* 302.
Son estomac est garni de ce duvet
tendre & précieux, qui est connu
dans le Nord sous le nom d'*Eider-
dunen* ou *Edderdunen*, d'où vient
notre mot corrompu d'*Egledun.* Le
meilleur est celui qu'on appelle *Du-*

*vet vif*, comme ayant le plus d'élaſ-
ticité , & étant le plus durable. On
entend par ce dernier les plumes
que l'Oiſeau s'arrache lui - même
dans le temps qu'il couve ſes œufs ,
& dont il garnit le dedans de ſon nid,
pour conſerver la chaleur des œufs
& des petits quand ils en ſortent.
Les Iſlandois qui demeurent dans
le voiſinage des bancs de ſable &
des petites Iſles où cette eſpece eſt
abondante , ne manquent pas de
rechercher beaucoup ces nids auſſi-tôt que les petits en ſont ſortis ,
& d'en ôter avec beaucoup de précaution ce précieux duvet , qu'ils
ont ſoin de ſécher ſur des clayes ,
& de nettoyer de quantité de mouſ-
ſe & de paille dont il ſe trouve ordinairement rempli. On fait au contraire peu de cas des plumes qu'on
arrache de ces Canards dans d'autres temps , & moins encore quand
ils ſont morts , parce qu'elles ſont
graſſes & ſujettes à ſe pourrir promptement. Le bon duvet qu'on amaſ-
ſe en Iſlande , ne reſte guéres dans
le Pays. Le gros prix, que les Mar-

chands Danois y mettent, fait qu'on leur fournit presque tout ce qu'on en amasse dans l'Isle, & il se trafique fort avantageusement en Danemarc, & delà plus loin. V. à ce sujet, la *Feroa reserata de Lucas Debes*, pag. *127.* On m'a rapporté une circonstance singuliere de cet Oiseau à duvet, qui est que non seulement il est très fécond en œufs qui sont oblongs & d'un verd foncé, mais qu'on peut même le rendre plus fécond qu'il n'est naturellement, en fichant un bâton d'environ un pied de haut dans son nid, & que par ce moyen l'Oiseau ne cesse de pondre, jusqu'à ce que ses œufs ayent couvert la pointe du bâton, & qu'il puisse s'asseoir dessus pour les couver. On ajoute que plusieurs habitans de l'Isle pratiquent cette invention, pour avoir une plus grande quantité de ces œufs, qui à ce qu'on prétend, sont d'un goût admirable; mais cette ponte surabondante affoiblit l'Oiseau au point d'en mourir.

Plongeons.    Les *Plongeons* sont de différentes

especes ici. Il y en a de mangeables
& d'autres qui ne le font point.

L'Oiseau appellé *Lumme (Liomen,*
*Colymbi species)* est beau & de la groffeur d'une Oye , ayant le bec étroit &
noir & de petites ailes , & comme il
augmente en graiffe & pefanteur, il
vole avec peine & lentement , & fes
pattes qui font fort reculées ne lui
permettent pas de marcher ni vîte
ni longtemps. Les Iflandois prétendent que perfonne n'a jamais trouvé fon nid , & qu'il couve fes œufs
fous les ailes. Mais cette tradition
vient de ce qu'il ne le conftruit
pas fur le bord de la mer ni fur
des rochers comme la plûpart des
autres Oifeaux Aquatiques. Il choi-
fit pour la fureté de fes œufs & de
fes petits des endroits écartés &
déferts, où il bâtit fon nid fur l'eau
douce ou tout proche fur le rivage,
afin de pouvoir boire reftant affis
fur les œufs , ne fortir que pour fes
befoins , & rentrer dans fon nid
fans beaucoup fe fatiguer. Je tiens
ceci de quelqu'un qui a trouvé le
moyen d'être plufieurs fois témoin

Lummex

oculaire des occupations de cet Oifeau. *

  **Vautours.**  Le *Vautour* ( en Iflandois *Geir-
fugl* ) ** qui eft le *Merganfer d'Al-
drovande* , fe montre rarement , &
on n'en voit guéres qu'au pied
des rochers fitués au Sud de l'Ifle,

---

  * On trouve des relations particulieres de cet Oifeau , dans le *Mufeum
Danicum de Wormius.* pag. 304. &
dans l'*Ornitholog. de Willoughb.* pag.
359. Il y a un autre Oifeau , qui reffemble beaucoup par fa groffeur &
par fes cris au Vautour , & que les Iflandois appellent *Huubryre* , & les
Farroeëns *Imbrim* , qui eft le *Mergus
maximus Ferrenfis de Wormius* , dans
fon *Mufeum.* pag. 303. & qui eft
connu dans les Orcades fous le nom
d'*Embergoofe* V. le *Prodromus Scotiæ
illuftratæ de Sibbald.* P. II. Liv. 3. Ch.
6. On trouve des relations fingulieres
de cet Oifean , dans la *Ferroa de Lucas Jacobfon Debes.* pag. 128.
  * V. *Worm.* pag. 300. *Willoughb.*
pag. 253.

qui portent de lui le nom de *Geir-fugl-Skeer*. Les Islandois qui sont très superstitieux croyent ferme-ment, que toutes les fois que cet oiseau paroît, ils doivent s'attendre à quelqu'événement important & singulier. En effet on m'a assuré que depuis plusieurs années on n'avoit apperçu aucun de ces Oiseaux, & qu'on en vit une grande quantité dans l'année qui précéda la mort de Frederic IV. Roi de Dannemarc.

On ne sçauroit assez admirer la précaution avec laquelle les Oiseaux Aquatiques placent leurs nids soit sur les rochers inaccessibles ou dans d'autres endroits avantageux, où ils sçavent si bien les cacher, qu'il est souvent impossible de les décou-vrir, ou du moins d'en approcher sans risquer la vie. * Ce qui paroît encore plus étonnant c'est cette sa-gacité incomparable avec laquelle

Nids des Oiseaux aquatiques.

---

* V. des relations curieuses à ce su-jet, dans la *Topographia Norvegiæ* du D. *Steinkuhl*. pag. 117.

après avoir cherché ſouvent de fort
loin leur nourriture , ils ſçavent
non ſeulement retrouver l'endroit
où ils ont fait leur nid , mais chacun reconnoît le ſien ſans ſe tromper jamais , au milieu de cette mul-
titude qui ſont parfaitement ſemblables. *

Leurs
œufs.

Les œufs de ces Oiſeaux ſont d'un
jaune verdâtre & tachetés de noir &
de brun , comme le ſont ordinairement ceux des Oiſeaux ſauvages qui
habitent les eaux douces , ce qui par
ſa ſingularité peut mériter l'attention des Naturaliſtes. Ils ont la co-
quille beaucoup plus épaiſſe que
n'eſt celle des œufs des Oiſeaux terreſtres , vraiſemblablement tant à
cauſe de la rigueur du Climat & du
voiſinage de la Mer , que pour mieux
conſerver la chaleur pendant qu'ils
ſont couverts, dans l'intervalle qu'ils

---

* On trouve à ce ſujet des remarques tout-à fait ſurprenantes dans l'*O-
rigine de la Pêche du Groenland de
Zordrager*. P. II. ch. 14. p. 153. &c.

reſtent

restent découvert , la femelle étant
obligée d'aller chercher sa nourriture au loin. * La plûpart de ces
œufs font d'un très bon goût, &
supléent au défaut des œufs de la
volaille domestique, dont il n'y en
a guéres dans l'Isle : aussi les Danois , qui font dans leur cuisine
beaucoup plus d'usage des œufs que
les Islandois , ne manquent pas de
profiter de ceux des Oiseaux aquatiques, pendant le séjour qu'ils font
souvent obligés de faire ici pour
leur commerce.

* Le Comte *de Marsigli* observe à
l'égard des œufs des Oiseaux Aquatiques, qu'ils renferment beaucoup plus
de blanc que ceux des Oiseaux terrestres , parce qu'il faut beaucoup plus
de temps au fétus pour parvenir à sa
maturité à cause de l'humidité & du
froid , dont il est continuellement
environné , & que par conséquent il
a besoin d'une grande quantité de
blanc qui est sa nourriture dans l'œuf.
Voyez son *Danubius Pannonico. My-
sicus* , Part. V. p. 124.

Je passe maintenant à la partie principale & la plus intéressante de ma Relation, où je dois parler de cette abondance inépuisable de grands & petits *Poissons de Mer* d'une infinité d'especes, dont cette Isle jouit préférablement à tous les endroits du monde, & qui se trouvent ici dans leur plus parfaite vigueur & bonté primitive. Pour cet effet j'établirai deux vérités qui sont incontestables & confirmées par l'expérience, dont l'une est, que le Poisson est meilleur, plus gras & plus durable dans les plages qui tirent vers le Nord, & l'autre, que le Poisson est plus parfait dans l'hyver & par le plus grand froid. C'est pourquoi les habitans & Négocians de Bergen & de Drontheim ne prennent point de Poissons chez eux : ils aiment mieux acheter ce qui est nécessaire pour leur consommation des Pêcheurs qui habitent l'extrêmité de la Norwege, & qui vont les chercher aussi haut vers le Nord, qu'ils peuvent pénétrer avec leurs barques. Ces Pêcheurs se met-

tent en Mer d'abord après Noël, *
& les Iſlandois commencent toujours leur pêche vers la Chandeleur. Les abîmes impraticables, qui
ſont ſous le Pôle, ſont la véritable
ſource des Poiſſons de Mer; ils y
trouvent la nourriture qui leur con-
vient le plus, ils y parviennent au
point de leur parfaite grandeur, &
plus ils s'en éloignent, l'eau n'étant
plus profonde, plus ils maigriſſent,
s'affoibliſſent & ſe fatiguent par les
voyages longs & continuels, où ils
manquent de tout ſur les bancs &
bas-fonds des Mers entrecoupés de
terre. Mais c'eſt en cela préciſément,
qu'on découvre des traces frapan-
tes de la ſageſſe & de la bonté du
Créateur : car comme d'un côté il

---

* V. la *Deſcription de Norwege*,
écrite originairement en Danois par
*Pierre Clauſoü*, imprimée à Coppenhague en 1632, & traduite enſuite en
Allemand ſous le titre de *Topographie de Norwege* par *Chrétien Steinkuhl.* pag. 43.

seroit impossible aux hommes d'in-
quiéter ou prendre ces Poissons dans
les gouffres inaccessibles du Pole,
qui le deviennent encore davantage
par des glaces d'une épaisseur & étenduë immense qui ne se fondent jamais ; ainsi d'un autre côté la Providence a si bien ordonné les choses, que la multiplication surabondante de ces animaux les force à
sortir d'eux-mêmes de leur lieu natal, & à venir au-devant des hommes dans des endroïts moins profonds & propres pour la pêche, où
ne trouvant plus cette abondance de
nourriture, ils sont obligés par la
faim de mordre à l'hameçon, & de
nourrir à leur tour tant de peuples
qui environnent la Mer du Nord, &
qui profitant de l'affluence prodigieuse de ces animaux, les vendent
aux autres Européens, & se procu-
rent un commerce très avantageux,
qui supplée abondamment au défaut
des autres marchandises que la Nature refuse à leurs climats.

Ce sont principalement les habitans de l'Islande qui par la situation

heureuse de leur Isle reçoivent avec
tous les vents dans leurs Golfes &
Bayes des quantités immenses de
toute sorte d'excellens Poissons qui
viennent immédiatement du Nord.
Je me contenterai de nommer ici
les principaux & les plus utiles , en
laissant à d'autres plus habiles &
moins occupés que moi le soin
d'instruire les Curieux sur les noms,
les proprietés & les usages d'une infinité d'autres especes , qui ne sont
pas parvenuës à ma connoissance.

Je commence par les petites especes , telles que sont le *Harang* ,
le *Cabliau* , la grande *Moruë* , le
*Merlan* , le *Dorsch* , le *Schellvis*
ou *Eglefin* , le *Turbot* , le *Flaitan* ,
& les *Soles*.

Leurs dif-
férentes es-
peces.

Le *Harang* , ou *Poisson Couronné* ,
comme l'appellent nos Pêcheurs,
mérite sans contredit le pas sur tous
les autres , par rapport à sa grande
utilité , qui est devenuë en quelque
façon universelle dans toutes les Parties habitées du Monde.

Le Harang.

Ce Poisson est si généralement
connu , qu'il suffit de le nommer ,

fans en donner la defcription, pour
le diftinguer de tous les autres. * Il
s'en faut cependant beaucoup que
nous connoiffions toutes les efpeces
de ce Poiffon , qui jufqu'à préfent
n'ont point été fuffifamment exami-
nées pour être réduites dans leurs
claffes. Quant à l'Iflande , je fçai
qu'on trouve dans fes golfes, les
plus gras harangs & les meilleurs
en fi grande abondance , qu'il feroit aifé aux habitans de cette Ifle
d'établir en peu de temps. un commerce des plus avantageux , s'ils
étoient plus nombreux. & plus habiles pour de pareilles entreprifes;
mais il m'a été impoffible de m'é-
claircir par mes Voyageurs fur les
différentes efpeces de ces Poiffons,
attendu que jufqu'à préfent je n'ai
trouvé perfonne qui y ait fait attention. Tout ce que j'ai pu appren-

---

* Ceux qui voudront en lire une
Defcription exacte, confulteront l'*Ichthyologie de Schoeneveld* , pag. 37.
l'*Ichthyologie de Willoughb* , p. 219.
& d'autres.

dre, c'est qu'on y observe souvent
une espece de Harangs de près de
deux pieds de longs sur trois bons
doigts de large. C'est peut-être l'espece connuë parmi les Pêcheurs,
sous le nom de *Rois des Harangs,*
qu'on regarde communément comme les conducteurs de leurs troupes. *

---

* Voici ce qu'en rapporte *Martin*
dans sa *Description des Isles Occidentales d'Ecosse,* pag. 143. » Des Pê-
» cheurs & d'autres personnes, dit il,
» m'ont conté qu'il y avoit un harang
» de la double grosseur des autres,
» qu'il conduisoit tous les Poissons de
» son espece qui se trouvoient avec
» lui dans un Golphe, & que partout
» où il alloit il étoit suivi de toute
» la troupe. Les Pêcheurs donnent à
» ce Conducteur le nom de *Roi des*
» *Harangs,* & si par hazard ils le
» prennent vivant, ils ont grand soin
» de le rejetter aussitôt dans la mer,
» persuadés que ce seroit comme une
» espece de *crime de Léze Majesté*

Quant aux especes ordinaires, & plus ou moins recherchées dans le commerce, nous en dirons quelque chose dans la suite de cette Relation. *

---

» que de mettre la main sur un Pois-» son si respectable. »

* De cette espece sont les *Sardines* de la Mer du Nord. ( *Chalcides* dans *Bellonius de Aquatilibus*, pag. 170.) que les Anglois appellent *Pilchards.* ( V. *Ray Synopsis Piscium*, pag. 104. & les François *Celerins* , & qui res-semblent beaucoup aux *Sardines* , ou comme l'on dit à Venise , *Sardelles* de la Méditerranée. On compte aussi parmi ces especes le *Sprott* ou *Spratt* d'Angleterre, qui ne sont proprement que les petits des Harangs ou des Sar-dines. ( V. *Ray à l'endr. cité* , pag. 105. ) & qui étant enfumés sont très agréables à manger. De cette espece sont encore les petits Poissons connus sous le nom de *Stroemlinge* dans le Golfe de Bothnie dont je parle plus bas. V. d'autres distinctions des Ha-

Les Pêcheurs prétendent commu- Sa nour-<br>riture.
nément, que les Harangs ne vivent
que du limon de l'eau. Mais ce sentiment se trouve pleinement réfuté
par les dents dont leurs becs sont
armés, & qui leur seroient fort inutiles s'ils n'avaloient que de l'eau.
Nous devons au contraire être persuadés que ces instrumens leur ont
été donnés pour attraper & serrer
dans leur bec des Poissons & d'autres choses solides dont ils se nourrissent, & que les Curieux ont
observé dans leur estomac. C'est
ainsi que *Neukrantz* a souvent trouvé dans l'estomac d'un Harang plus
de 60 petits Crabes à moitié dige-
rés *, & *Leuwenhoek* ayant fait l'a-
natomie des Harangs dans le temps
de la fraie des Poissons a vu quantité d'œufs dans leurs intestins. **

---

rangs par rapport au Commerce dans
*l'Ichthyologie de Schoeneveld*, pag. 39.

   * Dans son *Traité des Harangs*,
pag. 38.

   ** Dans sa *97ᵉ Lettre.*

Ce n'est pas s'amuser à des spéculations inutiles, que de rechercher d'où viennent originairement ces troupes innombrables de harangs, que les Pêcheurs de tant de Nations prennent tous les ans, & la route que ces Poiſſons tiennent dans la Mer. Tout le monde ſçait qu'ils deſcendent du Nord, dont ils parcourent les côtes en ſe diviſant en pluſieurs troupes ; c'eſt tout ce que l'on en ſçait, & c'eſt avoir une idée très défectueuſe de leur marche. Juſqu'à préſent on n'eſt allé au-devant d'eux que juſqu'aux Iſles de Shetland , ou comme nous diſons communément, de Hitland , du côté de Fayrhill & de Bockeneſs , où les Hollandois arrivent tous les ans vers la S. Jean avec leurs Buſes ou barques. Ils y tendent des filets entre deux Buſes , qu'ils oppoſent directement à la troupe innombrable de ces Poiſſons, qui y paſſent alors en venant du Nord , & en prennent par ce moyen des quantités prodigieuſes à la fois , qu'ils préparent ſur le champ à leur façon , & les ramenent chez eux , d'où ils le diſtribuent dans tous les pays de l'Europe. *

------

* Il ne ſera pas hors de propos de donner à cette occaſion une relation préciſe de la Pêche des Harangs telle qu'elle eſt pratiquée par les Hollandois. Les Buſes aſſemblées aux environs de Hitland mettent en mer en pouſſant au Nord-Nord-Oueſt , & elles jettent le premier filet près de Fayrhil la nuit du lendemain de la S. Jean, 25 Juin, d'abord après minuit. La Pêche ne ſe fait jamais pendant le jour, tant pour mieux reconnoître le fil du banc des Harangs, qu'on diſtingue clairement par le brillant de leurs yeux & de leurs écailles, & regler là-deſſus la direction des filets, que parce que le Poiſſon eſt attiré par la clarté des lanternes qui le fait venir droit aux Buſes & l'empêche en l'éblouiſſant de diſcerner les filets. Nous ſçavons que les Pêcheurs des Sardines ſe ſervent fort utilement de ces mêmes avantages ſur les Côtes de Dalmatie. V. le *Voyage d'Italie de*

Je me suis attaché à pousser mes recherches plus loin, en remon-

***

*Spon*, pag. 84. Les filets qui servent à la Pêche des Harangs sont fort longs, & il faut qu'ils soient faits selon l'Ordonnance pour le moins de bon chanvre avec des mailles bien serrées, afin que le Poisson en y approchant s'accroche sur le champ par les ouies. Ceux qu'on fait aujourd'hui sont presque tous tricottés d'une espece de grosse soye de Perse, parce qu'on a trouvé que ces filets durent pour le moins trois ans. Aussitôt qu'ils sont faits, on les teint en brun avec la fumée de copeaux de chêne, pour les rendre moins visibles dans l'eau, comme je l'ai vu faire moi-même à Amsterdam. Il n'est pas permis de jetter les filets en mer avant le 25 Juin, parce que le Poisson n'est pas encore arrivé à sa perfection, & qu'on ne sçauroit le transporter loin sans qu'il se gâte. C'est en vertu d'une Ordonnance expresse & des Placards publiés par les Etats que les Maîtres des Buses,

rant vers le Nord , & j'ai découvert ces mêmes troupes non feu-

---

les Pilotes & les Matelots prêtent ferment avant leur départ de Hollande
de ne pas précipiter la Pêche , &
qu'ils le renouvellent à leur retour
pour attester, que ni leur Vaiffeau ni
aucun autre de leur connoiffance n'a
fait infraction à cette loi. On expédie
en confequence de ces fermens des
Certificats à chaque Vaiffeau deftiné
au tranfport des nouveaux Harangs
pour empêcher la fraude & pour conferver le crédit de ce Commerce lucratif. Cet article eft fi important ,
que dans la convention, faite en 1606
entre les Hollandois & la Ville de
Hambourg , il a été ftipulé exprès de
part & d'autre de veiller avec grand
foin fur l'exécution de ces Ordon-
nances.

On pêche depuis S. Jacques jufqu'à
l'élévation de la Sainte Croix fur les
Côtes d'Ecoffe aux environs de Boc-
kenefs & de Sereniat , & de là jufqu'à
la Ste Catherine pres de Jarmuyden

lement aux environs de l'Islande, mais encore plus haut , & même

---

L'Ordonnance permet de continuer si l'on veut la Pêche jusqu'à la fin de Decembre.

Dans les trois premieres semaines, c'est-à-dire depuis le 25 Juin jusqu'au 15 Juillet, on met tout le Harang qu'on prend pêle-mêle dans des tonneaux, qu'on délivre à mesure à certains bâtimens bons voiliers , qu'on appelle *Chasseurs,* & qui les transportent promptement en Hollande, où le premier Harang qui arrive porte même le nom de *Harang de Chasseur.* Quant au Poisson qu'on prend après le 15 Juillet , aussitôt qu'il est à bord des Buses , & qu'on lui a ôté les ouies, on a grand soin d'en faire trois classes , qu'on nomme *Harang Vierge, Harang Plein* & *Harang Vuide.* On sale chaque espece à part & on la met chacune dans des tonneaux particuliers. Le *Harang Vierge* ( en Hollandois *Voll-Haaring* ) est celui qui est rempli de laite ou d'œufs, c'est-à-

fous le Pole. Mes recherches ont
été fondées fur plufieurs relations

dire, qui eft dans fon état de perfection. Le *Harang Vuide* ( en Hollandois *Schooten-Haaring*, ou *Ylen-
Haaring* ou *Holl-Haaring* ) eft celui
qui a frayé ou du moins qui eft fur le
point de le faire. Cette derniere forte
eft moins eftimée & ne fe conferve
pas fi bien que le Harang Plein. Les
deux dernieres efpeces de Harangs
forment la charge ordinaire des Bufes
qui partent à mefure qu'elles font
remplies, ou quand la Pêche eft finie.
On ouvre en Hollande les tonnes des
trois efpeces, & avant de tranfporter
le Poiffon plus loin, on le fale de
nouveau & on le rehauffe fi bien que
de 14 tonnes de mer on en fait 12
tonnes d'Amfterdam, qui forment ce
que les Marins appellent un tonneau.
On peut encore confulter fur la Pêche
de Harangs des Hollandois les *Rela-
ciones curiofæ* de *Happelius*, Tom. II.
p. 53. &c. & le *Magazin des Commerçans* de *Marperger*, pag. 597.
Le meilleur Harang que nous con-

avérées & tout - à - fait conformes
entr'elles , & outre cela fur l'axio-

---

noiſſions à Hambourg , & que nous
envoyons d'ici dans l'Empire , nous
vient de Hollande ; mais avant de
l'envoyer plus loin on le fait ouvrir
ici par des Emballeurs Jurés , qui ,
après l'avoir ſalé & entonné de nouveau à la façon Hollandoiſe , l'eſtiment ſous ferment & mettent ſur les
nouveaux tonneaux des marques réglées par l'Ordonnance , ſur leſquelles on peut conſulter les Auteurs ci-
tés. Si le Harang de Hollande eſt ſi
excellent & ſon goût infiniment plus
délicieux que celui des Harangs pris
& préparés par toutes les autres Nations , c'eſt que les Pêcheurs Hollandois lui coupent les ouies à meſure
qu'ils le prennent , & que l'ayant
préparé avec grand ſoin, ils ne manquent jamais de ſerrer tout ce qu'ils
ont pris dans une nuit avant la chûte
du jour. Les tonneaux dans leſquels
ils empaquetent leur Harang , ſont
de bois de chêne , où ils l'arrangent

me

me suivant, qui me paroît infaillible, que partout où les grosses &
petites especes de Poissons se trouvent en abondance & fort gras, il
faut nécessairement que l'on y trouve le Harang en quantité & dans sa
plus grande délicatesse. Et pour ne
parler que des grandes especes de
Poissons, comme le *Chien Marin*, le
*Marsouin*, & parmi l'espece desBa-
leines celle que les Peuples du Nord
appellent *Sildhual* ou *Sildqual*,
c'est-à-dire, *Harang-Baleine* qui est
connuë sous le nom de *Nordcaper*, ils
se nourrissent de Harangs, & lorsqu'on ouvre leur estomac, on le
trouve toujours rempli de ces Poissons.

Je me contenterai d'ajouter ici

Le Nord Caper.

avec beaucoup d'ordre dans des couches de gros sel d'Espagne ou de Portugal. Il s'en faut beaucoup que les
autres Nations prennent tant de précaution pour préparer leur harang :
aussi est-il infiniment inférieur à celui
de Hollande.

*Tome I.* K

une circonſtance ſinguliere. Le *Nord-Caper* ſe tient principalement aux environs du coin extrême du Nord de la Norwege, qu'on appelle *Cap du Nord*, & c'eſt de cet endroit mê-me qu'il a tiré ſon nom. Il choiſit ſans doute ce poſte préférablement à tout autre endroit de la Mer à cauſe des troupes prodigieuſes de Harangs, qui cottoyent ici la Nor-wege en deſcendant du Nord. La même raiſon l'amene auſſi aux en-virons de l'Iſlande, & je ſçai de bonne part, que quand la faim le tourmente, il a l'adreſſe de raſſem-bler les Harangs diſperſés dans les golfes de cette Iſle, & de les chaſ-ſer devant lui vers la Côte. Mais ce qui m'a paru le plus ruſé dans la manœuvre de cet animal gour-mand, c'eſt qu'ayant amaſſé dans un endroit ſerré autant de Harangs qu'il lui a été poſſible, il ſçait ex-citer, par un coup de queuë donné à propos, un tourbillon très ra-pide & capable d'entrainer même de petits canots de Pêcheurs, qui étourdit & comprime tellement les malheureux Harangs , qu'ils entrent par tonneaux dans fa gueule , qu'il tient ouverte en ce moment , en afpirant continuellement l'eau & l'air , ce qui les conduit en droiture dans fon eftomac comme dans un gouffre. * Or nous apprenons

---

* Cette efpece de Baleines ou une autre , qui fe nourriffoit de même de Harangs , étoit appellée autrefois par les Iflandois *Syldrecke* , c'eft-à dire , Maître des Harangs. V. *le Lexicon If-land.* de *Gudman André* , & nous lifons dans l'*Ind. Scyth. Scand.* de *Ve-relius : Syldracki Balenæ fpecies , quæ haleces ex profundo in finus & bre-via compellit ;* c'eft-à-dire : » *Syl-* » *drack* eft une efpece de Baleine , qui » chaffe les Harangs du fond de la mer » & qui les ferre de près dans lesBayes » & dans les endroits étroits ». *Martin* rapporte de même dans fa *Defcription des Ifles Occidentales d'Ecoffe* , pag. 5. qu'il y a quantité de Baleines de toute efpece dans les Bayes de Ha-rangs aux environs de ces Ifles ; & , à

par le témoignage unanime de nos
Pêcheurs de Groenland, que ces gros

---

ce qu'il me paroît, ces Baleines ne
peuvent être que des Nordcapers, des
Espaulars & des Marsouins, à cause
des bas-fonds & bancs de sable qui
environnent ces endroits. Les *Trans-*
*actions Philosophiques*, n. 387. art.
2. en parlant des especes de Baleines
qui se trouvent sur les Côtes de la
nouvelle Angleterre, en désignent une
qu'on appelle *Fin-Back-Whale* à cause de la grande nageoire tendineuse
ou charnuë de 2 $\frac{1}{2}$ à quatre pieds de
haut qu'elle porte sur son dos. Nos
Pêcheurs de Groenland de même que
ceux de Hollande distinguent aussi
cette Baleine par le nom de *Finn-*
*Fisch*, c'est-à-dire Poisson à nageoire.
( *Finn* veut dire nageoire. ) Voyez le
*Voyage de Spitzberg de Martens*, Ch.
II. C'est de ce même Poisson que les
*Transactions* remarquent qu'il se sert
de la même ruse que le *Nordcaper*, &
qu'il avale par ce moyen d'un seul
coup quelques centaines de Harangs,

poissons gourmands de Harangs se
trouvent en abondance même du

---

de Maqueraux & d'autres pareils petits Poissons. *Kempfer* dans son *Histoire du Japon*, Liv. I. Ch. II. nous as-
sure de même que sur ces Côtes il y
a quantité de Baleines, que les Japonnois appellent *Jwasicurn*, c'est-à-
dire, Mangeurs de Sardines.

Je ne sçaurois m'empêcher d'ajouter ici une petite réfléxion pour ceux
qui ne sçauroient concevoir, comment il est possible, que les Harangs
& d'autres pareils petits poissons se
maintiennent dans la Mer & ne soient
pas exterminés depuis longtemps par
une quantité si énorme de gourmands
affamés, qui ne leur donnent pas un
moment de relache? Mais, pour peu
qu'on réfléchisse, on conçoit sans
peine que le sage Créateur & Conservateur de l'Univers a si bien or-
donné la proportion de ces animaux,
que les petites especes de poissons
se multiplient d'une maniere prodigieuse, pendant que ces monstres ne

côté de Spitzberg & auffi haut vers
le Nord que leurs barques peuvent

---

font qu'un ou tout au plus deux petits
par an. De plus les plus grandes efpeces de ceux - ci qui furpaffent le
double de la groffeur de ces gourmands de Mer, font réduites à une
autre forte de nourriture. C'eft ainfi,
par exemple, qu'il eft défendu à la
plus groffe efpece de Baleines de
Spitsberg d'avaler des poiffons, tant à
caufe de quantité d'*Appendices*, qu'on
appelle *Baarten* ou Barbes, dont fa
gueule eft embaraffée, que parce que
fon gozier eft extrêmement étroit ; &
elle eft réduite, à une forte de petits
crabes & à un certain infecte aquati-
que, dont elle fait fes délices & qui
la nourriffent abondamment. L'efpece
appellée *Tang-Hual* ne vit que du
*Tang*, en Anglois ; *Tangle*, qui eft
une herbe marine connuë fous le nom
latin de *Fucus Marinus*. Quantité
d'autres gros poiffons vivent de cho-
fes indifférentes & ne chaffent pas
les petits.

monter, & ce même fait est confirmé par la Relation de *Martens*
dans son *Voyage*. Il faut donc qu'il
y ait des quantités prodigieuses de
Harangs du côté du Pole du Nord ;
& c'est ce que j'avois entrepris de
prouver ici. Quant aux petits poiffons gourmands de Harangs, je
compte principalement parmi ce
genre le *Cabeliau* & toutes ses efpeces, la grande Morue, le *Schelvis &c.*
& je sçais que nos Pêcheurs de Hilgeland ont appris par l'expérience
que le Harang est l'amorce la plus
fure & à laquelle ces Poissons mor-
dent avidement. Nos Pêcheurs de

---

Nous observons cette même œconomie parmi les animaux terreftres
carnaffiers qui fe multiplient infiniment moins que les autres, & les plus
énormes d'entr'eux, comme l'Elephan
& le Rhinoceros, qui semblent par
leur figure avoir été faits pour dé-
peupler des forêts entieres, font-ré-
duits à ne manger qu'un peu d'herbe
& quelques petites branches d'arbre.

Groenland rapportent de même ;
que quand ils veulent prendre ces
fortes de Poiſſons du côté de Spitzberg & aux environs, ils ſe ſervent ſouvent au défaut d'un harang
frais & naturel, d'une figure de harang faite de fer blanc, & que par
ce moyen ils réuſſiſſent parfaitement
à leur pêche. Je ne ſçaurois m'empêcher de rapporter ici à l'appui de
mon ſentiment ce que M. *Denis*
remarque à cet égard dans ſa *Deſ-*
*cription de l'Amérique Septentriona-*
*le*, Tom. I. pag. 162 & 228. En
donnant une deſcription très cir-
conſtanciée de la pêche & préparation de la Moluë, qui eſt une eſpece de Cabeliau, il dit expreſſé-
ment, que la pêche eſt fort abondante dans des endroits où il y a
beaucoup de Maquereaux & de Harangs, qui ſont les meilleures amor-
ces de ce Poiſſon, & *Tom. II. pag.*
*191.* où il ajoute que quand on
éclaircit trop la Moluë à force de
la pêcher, on chaſſe en même-temps
par là le Harang & d'autres pareils Poiſſons, & *pag. 195.* qu'auſſitôt

tôt que le Harang, &c. change de diftrict, la Moluë le fuit immédiatement. Or, comme cette efpece de Cabeliau auffi bien que d'autres fe trouvent en très grande quantité au haut du Groenland, & qu'on les prend même avec la figure apparente d'un harang, nous en pourrons conclure avec certitude, que ces environs & les vaftes diftricts de Mer plus élevés vers le Pole doivent être partout remplis de Harangs & d'autres petits poiffons. Je trouve en dernier lieu ce fait confirmé par le témoignage de *Zorgdraager*, qui fait plufieurs remarques curieufes à ce fujet dans fa *Pêche de Groenland*, Part, II. Ch. 7. où il dit entr'autres avoir vu lui-même quantité d'arêtes de Harangs auprès des nids d'Oifeaux aquatiques difperfés par les rochers de Groenland. *

------

* La Mer glaciale du côté d'Afie ne manque pas non plus de Harangs. Ceci eft évident non feulement par le

Le Harang vient du Pole du Nord.

En faifant attention au féjour continuel, que, comme je viens de le
prouver, les Harangs font dans les
endroits fi proches du Pole, je crois
ne pas me tromper, en regardant
les abîmes les plus reculés du Nord

---

féjour que plufieurs efpeces de Baleines font fur ces côtes, & particulie-
ment celle que je viens de citer de
l'*Histoire du Japon de Kempfer*, mais
encore par la Relation du fieur *If-
brand*, Ambaffadeur de Ruffie, qui
dit dans fon *Voyage de la Chine* pag.
231. qu'on prend quantité de bon
Harang & d'autre pareil Poiffon dans
le Fleuve de Salazia au-deffus de Kam-
fchatka. On apperçoit de même fouvent les Nordcapers & les Marfouins
du côté du Cap de Bonne-Efpérance,
comme on peut le voir dans la *Defcription de ce Cap* par *Kolbe*, p. 204.
auffi y trouve-t-on parmi d'autres
petits Poiffons cette efpece de Harangs, que les Matelots Hollandois
appellent *Harder*, c'eft-à-dire Berger. V. *ce même Auteur*, pag. 196.

comme le vrai domicile de ces Poiffons, & de quantité d'autres petites efpeces qui font commünément
bande avec eux dans leurs routes,
comme les Maquereaux, les Plies,
&c. & je fuis d'autant plus porté
à le croire, qu'il eft certain que
les glaces immenfes qui ne fe fondent jamais dans ces Mers, & qui
augmentent tous les ans en épaif-
feur & étenduë, leur fervent d'une
fure retraite pour la confervation de leur fraye & pour l'accroiffement des petits : car il eft
évident, que dans ces abimes cachés ils n'ont rien à craindre des
Marfouins, Cabeliaux,&c. que la difficulté de refpirer dans ces endroits
empêche d'y pénétrer ; & moins
encore de cette efpece de Baleines,
qui font fi funeftes aux petits Poiffons, & qui ayant les poümons con-
formés prefque comme les animaux
terreftres, ont toujours befoin d'un
air pur & nouveau pour refpirer ;
enforte que ces petits Poiffons jouiffent dans leur retraite d'un parfait
repos, tant du côté des gros Poif-

fons , que du côté des Pêcheurs
qui ne fçauroient en approcher. Delà fuit naturellement , que le nombre de ces petits Poiffons , qui ,
comme tout le monde fçait , fe multiplient prodigieufement , n'étant
diminué dans ces gouffres impéné-
trables , ni par les hommes , ni par
les Poiffons de proye , doit tellement
accroître , qu'à la fin ils n'y trouvent
plus de nourriture fuffifante , & que
par conféquent ils font réduits à dé-
tacher , pour ainfi dire , de nom-
breufes Colonies pour aller courir
la Mer , & chercher à vivre ailleurs ,
& dont peut-être un petit refte , ou
du moins leur progéniture , après
bien des détours dont nous parlerons
inceffamment , s'en retourne enfuite
vers le Pole pour contribuer de fa
part à la confervation de l'efpece. Je
ne doute pas , qu'en faifant plus d'attention qu'on n'a fait jufqu'à préfent aux merveilles de la Nature , on
ne pénétre avec le temps dans quantité de beaux myftéres de l'œconomie animale jufqu'ici inconnus au
genre humain ; & je me croirois fort

heureux, ſi mes réfléxions pouvoient éveiller cette louable curioſité dans ceux qui ſont à portée de faire de pareilles recherches.

Qu'en attendant, il me ſoit permis d'admirer en mon particulier, & de faire ſentir autant que j'en ſuis capable à mon Lecteur, les traits de la ſageſſe & de la bonté du Créateur, qui me paroiſſent très viſibles dans la migration des Harangs ſi peu remarquée juſqu'à préſent. Il ſemble d'abord, que ce n'eſt pas par hazard que les groſſes & moyennes eſpeces de Poiſſons de Mer, dont nous venons de parler, & peut-être une infinité d'autres que nous ne connoiſſons pas, ont reçu cet inſtinct ſingulier de trouver leurs délices & leur nourriture la plus convenable dans les petits Poiſſons nés dans le Nord, & principalement dans le Harang *; & il y a lieu de croire, que

Quelle eſt ſa route.

---

* *Martin* dans ſa *Deſcript. des Iſles Occidentales d'Ecoſſe*, dit fort bien à ce ſujet : » *Wherever they are , all*

L iij

c'eſt préciſément de la gourmandiſe inſatiable de ces gros animaux, que le Créateur de toutes choſes s'eſt voulu ſervir, comme d'un moyen ſur & infaillible de diſperſer cẽs petits Poiſſons ſi utiles au genre humain par toutes les Mers, & de les conduire auſſi bien que les grands qui les pourſuivent, ſur toutes les Côtes habitées : car auſſi-tôt que les Colonies de Harangs ſortent des glaces, elles ſont immédiatement attaquées par toutes les groſſes & moindres eſpeces de Poiſſons de proye, qui y étant amenées par la faim, les attendent à leur ſortie,

---

» *other fish follow them, and Whales* » *and Seals in particular. For the* » *larger fish of all kinds feed upon* » *Herring,* c'eſt-à-dire : » Par tout » où il y a du Harang, il eſt ſuivi » par d'autres Poiſſons, & particulie- » rement par les Baleines & les Chiens » Marins : car toutes les grandes eſ- » peces de Poiſſons mangent du Ha- » rang. »

& qui en ſerrant de tous côtés ces Colonnes épaiſſes * , les chaſſent

---

* Toutes les petites eſpeces de Poiſſons ont cet inſtinct, qui, quelque naturel qu'il nous paroiſſe, n'eſt pas indifférent pour la réüſſite de nos pêches. La peur qu'ils ont de leurs Perſécuteurs les oblige à ſe ſerrer autant qu'ils peuvent, chacun voulant ſe ſauver & ſe cacher dans le gros de la troupe , qui reſſemble par-là à une montagne mouvante dans l'eau. Nous liſons même dans la *Topographie de Norwége , à l'endr. cité* , que les Marins du Nord , qui rencontrent ſouvent ces troupes ſerrées , les appellent dans leur langue *Fiskeberge* , c'eſt-à-dire, *Monts de Poiſſons.* D'un autre côté ce reſſerrement favoriſe beaucoup les Pêcheurs , qui , pour peu qu'ils attrapent le fil du Poiſſon , en prennent autant que leurs filets en peuvent tenir. Nous obſervons la même choſe proche l'Iſle de Hilgèland ſur la Côte de Sleſwick par rapport aux crabes de toute eſpece, qui étant

L iiij

continuellement devant eux d'une partie du grand Océan, ou, comme nous difons communément, d'une Mer & d'une Côte à l'autre; pendant que ces petits Poiffons effrayés & tâchant de fe fauver des pourfuites de leurs ennemis, cherchent de tous côtés un afile propre pour frayer & mettre leurs petits en fûreté *,

---

chaffés d'en-bas par les Schelfifch & autres Poiffons, & pourfuivis d'en-haut par les Moëttes & d'autres Oifeaux de Proye; fe refferrent par troupes, & croyant fe fauver tombent en quantités prodigieufes dans les filets de nos Pêcheurs.

* Voici ce que *Pline* dit à ce fujet dans fon *Hift. Nat.* Liv. IX. Sect. 35. *Nam in ftagna & amnes tranfeundi plerifque pifcibus evidens ratio eft, ut tutos fœtus edant, quia non fint ibi, qui devorent partus, fluctufque minus faviant.* C'eft-à-dire : » La raifon pour- » quoi la plûpart des Poiffons de mer » paffent dans les rivieres & dans les » eaux tranquilles eft évidente : c'eft

& se jettant dans les golfes , les bas-fonds , & mêmes dans les embouchures des Fleuves , ils semblent s'offrir aux habitans des Côtes, pour faire les délices de leur table , & la fortune de leur Commerce, non seulement par eux - mêmes , mais encore par les grands Poissons qu'ils attirent après eux , & qui autant que la grosseur de leurs masses & la profondeur de l'eau le permettent, viennent, pour ainsi dire, se livrer entre les mains des Pêcheurs.

Il faut remarquer à cet égard, que les Harangs, pour achever leur grande route, se remettent en Mer aussitôt qu'ils ont frayé. Le même instinct y rappelle aussi leurs petits dès qu'ils ont assez de force pour voyager, & tous ceux qui échapent aux filets des Pêcheurs continuent

---

» afin de faire leurs petits en sureté,
» parce que dans ces eaux il n'y a
» point de Poisson qui les dévore , &
» qu'elles sont moins agitées par les
» flots. »

promptement leur chemin pour remplir ailleurs le grand but de la Nature. *

*Sa route annuelle.*

Pour rendre ceci plus clair, nous allons suivre de place en place la *Route annuelle des Harangs*, autant que nous en avons des relations sures ; & nous verrons par-là, en quel temps chaque Peuple jouit de ce bienfait de la Nature, & comment elle en profite.

*L'Aile Occidentale de la grande Colomne.*

La *grande Colomne* sort du Nord au commencement de l'année. Son *Aile droite* se détourne vers l'Occident & tombe au mois de Mars sur l'Isle d'Islande. C'est ici principalement, où les colomnes de Harangs sont d'une épaisseur énorme. La quantité prodigieuse de gros poissons qui les attendent exprès ici, & d'un autre côté les oiseaux de rivage qui fondent sur eux en abondance, les tiennent tellement serrés de tous côtés, qu'on les apperçoit de loin par la noirceur de la Mer & par l'agitation qu'ils excitent dans

_______________________________

* V. *Neukrantz* dans son Ouvrage de *Harengo*, pag. 17.

l'eau en s'élevant souvent jusqu'à la surface & en s'élançant même en l'air pour éviter le danger pressant. Si alors on va au-devant d'eux, & qu'avec une espece de pelle, dont on se sert pour arroser les voiles des Vaisseaux, ou autre instrument creux on puise l'eau, on est certain d'en tirer chaque fois un bon nombre de Harangs. Au reste nous ne sçavons pas, si cet colomne avant de tomber sur l'Islande n'envoye pas un fort détachement aux bancs de Terreneufve, & nous ne sçaurions non plus dire ce que devient le reste de celle qui défile le long de la côte Occidentale de cette Isle. Ce qu'il y a de certain c'est que tous ses Golfes, Détroits & Bayes sont remplis de Harangs & en même temps de quantité d'autres gros & moindres poissons excellens à manger ou très-utiles pour le commerce, qui fixent leur domicile sur ces côtes pour attendre les Harangs *, & parmi les-

* *Zordrager* dans sa *Pêche de Groenland*, Part. II. Ch. 7. pag. 97. rap-

quels se distingue principalement le *Nordcaper*, qui se poste dans cette Mer, n'osant pas à cause de la grosseur de sa masse les poursuivre sur les bancs de sable & les bas-fonds du Nord.

Son Aile Orientale.

L'*Aile gauche*, que noùs connoissons le mieux, s'étend vers l'*Orient*, & après avoir détaché une Colomne, qui rase la Côte Orientale & l'Occidentale de l'Islande, elle descend la Mer du Nord, étant continuelle-

porte que vers la S. Jean les Bayes & Bas-fonds du Cap de Nord sont remplis de jeunes Poissons & surtout de Harangs, & qu'il avoit souvent observé lui-même près de Loppe & de Curoy que l'eau sembloit être animée dans plusieurs endroits. Il ajoute même qu'il a vu quantité de gros monceaux de plusieurs milliers de Poissons s'élever au-dessus de la surface de la mer, si bien qu'en y approchant dans une chaloupe on pouvoit en percer plusieurs à la fois d'un seul coup de lance.

ment chaffée par les Marſouins, les Cabeliaux, &c. Elle ſe diviſe à une certaine hauteur, & ſon *Aile Orientale* dirige ſa courſe vers le Cap du Nord, en deſcendant delà le long de toute la côte de Norwege *, en-

Diviſion Orientale de cette Aile.

---

* La Pêche n'eſt plus à beaucoup près ſi conſidérable du côté de la Norwége qu'elle l'étoit du temps que le gros banc du Nord vint tomber ſur ces côtes, & que pluſieurs milliers de Vaiſſeaux de Dannemarc, d'Allemagne, de Friſe, de Hollande & même d'Ecoſſe, d'Angleterre & de France alloient tous les ans viſiter les Ports de Norwége pour y chercher le Harang ſalé & le trafiquer plus loin. Je trouve dans la *Topographie de Norwége*, Ch. 5. pag. 29. que cette abondance ſinguliere a le plus diminué vers l'an 1560. Le comptoir des Villes Hanſéatiques à Bergen étoit devenu extrêmement floriſſant par ce commerce; mais il n'en ſubſiſte plus aujourd'hui que l'ombre ſous le nom de *Confréries de Bergen* qui y vont encore pour cher-

 forte cependant , qu'une divifion de cette derniere Colomne côtoye la

cher du *Rotfcher*. Il eft vrai que par cette occafion on tranfporte encore par an quelques .centaines de tonneaux de Harang falé à Hambourg , Bréme & Lubeck; mais le débit en eft fort difficile , & le Marchand n'y trouve plus fon compte. Le Harang des côtes de Norwége n'eft pas à beaucoup près fi gras ni fi bon que celui qu'on prend vis-à-vis fous Hittland & du côté de l'Ecoffe. D'ailleurs les Norwégeois ne fçavent pas fi bien le faler & l'arranger dans les tonneaux que les Hollandois , & leurs tonneaux , au lieu d'être de bois de chêne , font de fapin , qui donne un mauvais goût au Poiffon. Il eft même défendu dans les Provinces-Unies par un Edit de 1620 de pêcher aucun Harang entre les rochers de Hittland , d'Irlande & de Norwége , ni d'en faler ou acheter des gens de ces Pays , fous peine de confifcation de la Marchandife & de 300 florins d'amende.

Norwége en droiture , jusqu'à ce qu'elle tombe par le Détroit du Sond dans la Mer Baltique , pendant que l'autre division étant arrivée à la *Seconde Division.* pointe du Nord du Jutland se divise encore en deux Colomnes, dont l'une défilant le long de la côte Orientale *Premiere Colomne* de Jutland * se réunit promptement *de la secon-* par les Belts avec celle de la Mer *de Divi-* Baltique ** , pendant que l'autre des- *sion.*

---

* C'est surtout auprès d'Ahlbourg qu'on prend & sale tous les ans quantité de Harangs, qu'on trafique dans plusieurs endroits sur les côtes de la Mer Baltique & même à Hambourg ; mais le débit n'en est pas bien considérable, parce que ceux qui en ont le moyen préférent le Harang de Hollande qui est infiniment au-dessus de tous les autres.

** Voici en peu de mots l'état de la Pêche & du Commerce de Harangs sur les côtes de la Mer Baltique. Du temps que le banc des Harangs donnoit encore plus abondamment sur la Norwége, on en prenoit & préparoit des

cendant   à   l'occident   de   ce   même

----

quantités si prodigieuses sur les côtes
de Scandinavie qu'une grande partie
de l'Europe tiroit delà ses provisions.
Le banc y étoit alors si épais, comme
s'exprime *Olaus Magnus*, dans son
*Hist. Nat. Septentr. Liv. XX. Ch.*
28. *ut non solùm retia piscantium la-*
*cerarentur, sed etiam in agmine illo*
*bipennis vel lancea militaris in medio*
*piscium immissa firmaretur*, c'est-à-
dire, » Que non seulement les filets
» des Pêcheurs se déchiroient, mais
» que même une lance fichée dans le
» milieu des poissons se soûtenoit droi-
» te sans tomber. » C'est à cette a-
bondance extrême de Harang que la
Ville de Hambourg doit l'origine de
sa *Confrérie de Scandinavie*, qui en
faisoit en ces temps un commerce très
considérable. Cette Confrerie subsiste
encore aujourd'hui sous ce même nom.
Elle a ses Doyens & Anciens qui la
dirigent, & ses Priseurs & Emballeurs
Jurés, & c'est elle qui continue dans
ces districts le commerce de harang,

Pays

Pays & côtoyant ensuite le Slefwick, La seconde Colomne.

---

mais ce n'est presque plus qu'avec celui de Hollande, comme étant aujourd'hui la marchandise la plus courante & la plus recherchée en ce genre, surtout depuis que la pêche a tout à fait cessé sur les côtes de Scandinavie. Toute la côte de Suéde, de Finlande &c. fournit un très-mauvais harang, à l'exception d'une espece particuliere, qui quoiqu'étant fort petite & séche est très-délicate & d'un goût exquis. Elle ne se trouve que dans le Golfe Bothnique, où l'on en prend des quantités incroyables, & on l'appelle en ces pays *Ströming* ou *Strömling* ( *Halec Botnicum* dans *Neutranz de Harengo* pag. 19. ) On peut consulter sur ce petit poisson *Olaus M. à l'endroit cité* ch. 29. Les Islandois en prennent encore aujourd'hui des quantités prodigieuses qu'ils entassent vivans sur le bord de la Mer & qu'ils partagent ensuite entr'eux par tête. Dans la Bothnie Occidentale on le met dans de grands tonneaux avec beaucoup de

*Tome I.*          M

sel, & après l'avoir bien remué avec un bâton on le laisse dans le sel pendant 24 heures, jusqu'à ce que tout le sang en soit sorti & que le poisson se roidisse. On l'ôte le lendemain & on l'empaquete bien dans de petits tonneaux de toute sorte de grandeur, qu'on débite soit dans le Pays même, ou dans le voisinage. V. *Ol. Rudbeck de Ave Selav.* pag. 98. On en choisissoit autrefois les plus petits & après les avoir salé on les faisoit sécher au four pour les envoyer en présent dans les Pays étrangers. Je me souviens même que du temps de ma jeunesse on s'en faisoit un régal ; mais aujourd'hui que le goût de nos mets est si raffiné, ces petits poissons séchés, le *Raff & Rekel*, & quantité d'autres délices antiques du Nord sont bannies de nos tables.

Le Banc de Harangs est beaucoup plus abondant sur les côtes opposées de la Mer Baltique, & ils y amenent avec eux quantité de poissons qui les poursuivent, particulierement les Dorsch, qui étant plus petits que les Cabeliaus & par conséquent ne craignant pas s'hazarder dans le Détroit du Sond & dans les Belts les suivent en grande quantité & s'engraissent à leurs dépens, surtout du côté de la Ville de Lubeck qui est réputée pour avoir le meilleur Dorsch de la Mer Baltique. C'est principalement sur les côtes de Sleswick & de Holstein qu'on prend quantité de Harangs vers l'Equinoxe du Printemps ( sur quoi on peut consulter l'*Ichthyologie de Schœneveld*, pag. 37 ) mais sa bonté se perd ici, & d'ailleurs on n'y a pas la bonne façon de le saler & préparer pour le transport ; du moins on n'approche pas à beaucoup près de la façon des Hollandois : ce qui fait qu'on le mange frais, ou que tout au plus on l'enfume pour en faire en quelque façon une marchandise un peu durable. On estime assez cette derniere préparation qu'on appelle *Bückling de Kiel* & le *Flick-Heering* On en fait de même sur les côtes de Mecklenbourg, & la maniere de les préparer est rapportée fort au long dans les *Annales Wratislavienses* ( de Breslau )

le Holstein *, l'Evêché de Bréme &

l'an 1720, mois d'Avril. Claff. IV.
Art. 4. Ceux qu'on prépare en Pomeranie tiennent le troisieme rang, &
voici ce que *Neukrantz* dit à ce sujet
dans son *Panégyrique du Harang*. pag.
42. *Slesuicenses saporis sunt eximii,
quibus nihilo inferiores sunt Stralasunses, ab his Rostochienses, mox Wismarienses; ultimum locum Lubecenses
occupant ob fundi sterilitatem;* c'est-
à-dire : » ceux de Slefwick sont d'un
» goût exquis, mais ceux de Stral-
» sund ne leur cedent rien ; enfuite
» viennent ceux de Rostock, après
» cela ceux de Wismar. Les moin-
» dres sont ceux de Lubeck à cause
» de la stérilité de la côte. » Il y a aussi
des Harangs sur la côte de Prusse &
de Dantzick ; mais ils sont fort maigres & ne valent rien, & ne se conservent point, quoique salés : aussi
ne fait-on que les enfumer. V. *Hist.
Nat. Poloniæ* de *Gabr. Rzaczynsky*,
Tr. 6. Sect. 1. §. 3.

* Quoique le Harang ne soit pas
assez abondant ici pour être réputé

la Friſe , où cependant on n'en fait
point de commerce , ſe jette par le
Texel & le Vlie dans le Suderſee * ,

---

marchandiſe , il nourrit néanmoins
quantité de perſonnes & attire après
lui un nombre infini d'excellens Cabeliaux , Schelfiſch , Dorſch , & de
quantité d'autres eſpeces de Poiſſons
délicieux , dont la deſcription tiendroit
un volume entier , qui s'engraiſſent
principalement ſous l'Iſle de Hilgeland , & que les Habitans ſçavent pêcher à propos & débiter fort avanta-
geuſement ſur l'Elbe & ſur le Weſer.

 * Il y attire même après lui l'Eſpau-
lar & le Marſouin qui le pourſuivent juſques dans l'Y devant la Ville
d'Amſterdam. V. *Zordrager , à l'en-*
*droit cité* , Ch. II. p. 96. Mais il eſt
défendu ſous de groſſes amendes de
ſaler le Harang dans ces Contrées , &
il n'eſt permis d'en faire que ce qu'on
appelle *Bückling* ou *Stroh-Bückling.*
En effet on eſtime généralement beaucoup le *Bückling de l'Y* , qu'on prépare en Novembre & Décembre , &

& l'ayant parcouru s'en retourne dans la Mer du Nord pour achever sa grande route. La seconde grande division, qui se détourne vers l'Occident & qui est aujourd'hui la plus forte, s'en va toujours accompagnée

Division Occidentale de l'Aîle Orientale

qui est très gras & délicieux. On le consume tout dans le Pays & aux environs, parce qu'on ne sçauroit le conserver ni transporter bien loin à cause de sa graisse. On revoit encore le Harang en Février, Mars & Avril sur les côtes de Nord-Hollande devant Enckhuysen, Monnikedam & Hoorn, lorsque vraisemblablement il a fait le tour de tout le Sudersee & qu'il s'en retourne dans la Mer du Nord. On en prend des quantités considérables, dont on fait aussi du *Bückling*, que les Hollandois appellent *Bückling de la Côte* ou *Bückling d'Enckuysen*. Il est déjà plus maigre & se conserve mieux que celui de Sud-Hollande, & l'on en trafique beaucoup à Hambourg & Bréme, & delà plus loin dans l'Empire.

des Marsouins, des Requins , des Cabeliaux , &c. droit aux Isles de Hittland & aux Orcades , où les Pêcheurs de Hollande ne manquent pas de les att..ndre au temps nommé, & de'à vers l'Ecosse où elle se divise de nouveau en deux Colomnes , dont l'une après être descendu le long de la côte Orientale de l'Ecosse , * fait le tour de l'Angleterre ,

Premiere Colomne.

* On a vu de tout temps dans la Grande-Bretagne des Patriotes zélés , qui ont tâché tant par des discours que par des écrits de faire sentir à la Nation le tort qu'elle avoit de se négliger d'une maniere impardonnable sur un don aussi éclatant que la Pêche de Harangs qu'elle avoit à sa porte, & de se le laisser enlever honteusement par les Hollandois. La Cour d'Angleterre s'est même donnée tous les mouvemens nécessaires dans ces derniers temps , surtout lorsqu'il s'agissoit d'unir les deux Couronnes d'Ecosse & d'Angleterre , pour faire fleurir le Commerce du Harang salé d'Ecosse

en détachant néanmoins en chemin
des troupes considérables aux por-

---

dans les Pays Etrangers. La Reine An-
ne & George I firent à ce sujet des
conventions avec la Ville de Hambourg , qui furent ratifiées par les
deux Parlemens , & l'on accorda en
cette Ville à la Nation Ecossoise des
Emballeurs & Priseurs Jurés ; & généralement tout ce qui pouvoit faci-
liter ce commerce. Mais on y a fort
peu réüssi jusqu'à présent , tant parce
que les Ecossois prennent leur Harang trop tôt & avant qu'il soit par-
venu à sa perfection, que principalement parce qu'ils ne pêchent qu'avec
de petites chaloupes & en côtoyant la
terre. De plus ils ne tuent ni ne salent
pas leur Poisson sur le champ , mais
ils en amassent successivement dans
leurs chaloupes, & attendent qu'elles
soient remplies pour aller à terre lui
couper les ouies & le saler. Cette
façon lente de le préparer , où ils
perdent souvent 24 heures, ôte au
Poisson sa délicatesse naturelle. Il est

tes

tes des Frifons , des Hollandois, des Zeelandois, des Brabançons, des Flamands * & des François. L'autre Co-

---

ordinairement paflé avant d'être préparé, & il n'a plus de goût ni la faculté de fe conferver. Il femble cependant que depuis quelques années on commence à fe corriger de ces abus.

* Les Flamands étoient autrefois grands Pêcheurs de Harangs , & ce font eux qui ont inventé les premiers la meilleure façon de le faler & préparer. Mais les guerres terribles qu'ils ont eſſuyé pour la Religion , & les conventions qui y ont fuccédé , ont caufé des révolutions étonnantes dans leur commerce en général , & les ont, pour ainfi dire, bannis de la mer. Les Hollandois qui ont pris leur place leur ont pareillement enlevé la Pêche des Harangs ; ce qui eft fi vrai que le Harang de Hollande eft encore appellé aujourd'hui *Harang de Flandre* ou *Flamand* dans tout le diftrict de la Baffe-Allemagne.

*Tome I.*

lomne tombe en partage aux Ecoſſois du côté de l'Occident & aux
Irlandois, dont l'Iſle eſt alors envi-
ronnée de tous côtés de harangs ,
quoique ces deux nations n'en faſſent
d'autre uſage que de le manger frais
& de profiter par leur moyen autant
qu'ils peuvent des gros Poiſſons qui
leur donnent la chaſſe. Toutes ces
diviſions mentionnées dans la deu-
xiéme grande Colomne s'étant à la
fin réunies dans la Manche , le reſte
de harangs échappés aux filets des
pêcheurs & à la gourmandiſe des
poiſſons & des oiſeaux de proye
forme encore une Colomne prodigieuſe, ſe jette dans l'Océan Atlantique, & comme on prétend communément, ce poiſſon s'y perd , ou
pour mieux dire, ne ſe montre plus
ſur les côtes , * en fuyant ſelon toute

---

* *Maillet* dans ſa *Deſcription de
'Egypte* , Lettre IX. page 25. remarque comme une choſe extraordinaire , & elle l'eſt en effet , que dans
les mois de Décembre , Janvier & Fé-

apparence les Climats chauds & en regagnant promptement le Nord qui est son domicile cheri & son lieu natal.

Voilà en effet des traits frapans de la Sagesse & Bonté infinies du Créateur & Conservateur de l'Univers, qui a rendu ce petit poisson, si méprisable à nos yeux, un instrument admirable de tant de bienfaits, non seulement pour nourrir des quantités prodigieuses de gros & petits Poissons & d'Oiseaux ; mais encore pour servir de mets à tant de millions d'hommes, & pour procurer à tant d'autres un entretien lucratif par la Pêche, la préparation & le trafic de ces Poissons, & d'une infinité d'autres * !

---

vrier on pêche du Harang auprès du Grand-Caire en Egypte, & qu'on n'en voit point, ni à Rosette, ni à Damiette, ni dans la Méditerranée.

* Il ne sera hors de propos de m'étendre un peu plus sur ces bienfaits de la Providence, & de rapporter à cet

Après le Harang, je dois nommer
en premier lieu, le *Cabeliau*, com-

---

égard un endroit remarquable tiré du
nouveau & précieux *Atlas de Mer &
de Commerce* imprimé à Londres en
anglois en 1728. C'est environ au
commencement de Juin, dit l'Auteur,
qu'une troupe immense de Harangs
vient du Nord tomber sur les Isles de
Schettland ou Hittland, & les habitans prévoyent aisément leur arrivée
par certains signes qu'ils apperçoivent
dans l'air aussi bien que dans l'eau.
On ne sçait pas au juste l'endroit d'où
ces Poissons viennent, ni quel est leur
vrai domicile, ni où ils frayent. Ce
qu'il y a de certain c'est que leur
nombre est incroyable, quoique ce
ne soit en effet qu'une Colonie & une
espece de surabondance expulsée tous
les ans faute de place & de nourriture par une quantité beaucoup plus immense qui reste dans l'endroit natal.
Nous ne sçavons pas non plus, si
quelques-uns de ces Harangs passagers
s'en retournent dans leur patrie, pour

me le principal & presque le seul
Poisson, dont se nourrissent les Ha-

---

pourvoir à la multiplication de l'espece pour l'année suivante. Quelle que
soit la patrie des Harangs, ils en sortent
si remplis d'œufs fécondés, qu'on a raison de dire, que chaque Poisson en
amene dix mille avec lui. Ils jettent
leurs œufs dans la Mer, sur les Côtes
d'Angleterre : du moins ils y arrivent
pleins, & ils sont vuides longtemps
avant qu'ils quittent ces côtes. On
peut dire que leur nombre est véritablement infini, c'est-à-dire, qu'il surpasse tous les nombres connus, &
quelque dénombrement qu'on en vou-
lût faire, on ne pourroit dire autre
chose sinon que leur quantité surpasse
celle des Etoiles visibles & télescopi-
ques du Firmament.

Le Banc de Harang se montre d'a-
bord à l'endroit de la mer où elle pa-
roit la plus large & son étenduë occupe pour le moins autant d'espace en
largeur que toute la longueur de la
Grande - Bretagne & de l'Irlande. Il

bitans d'Irlande. Il est appellé de même *Kabeliau* par les Hollandois

---

y a apparence, que leur troupe doit être fort serrée, lorsqu'en avançant vers le Sud, ils se trouvent dans la nécessité de franchir le passage entre les Côtes du Groenland, & le Cap du Nord, qui doit être une route fort étroite pour eux, quoique sur le plan du Globe terrestre elle ait 200 milles de largeur. Cette troupe immense, en descendant plus bas, vient donner directement contre les Isles de la Grande-Bretagne, dont elle apperçoit vraisemblablement les bas-fonds longtemps avant d'arriver aux Côtes, & où elle se divise nécessairement en deux Colomnes plus ou moins égales. L'une de ces Colomnes, en détournant à l'Ouest ou au Sud-Ouest, & laissant les Isles de Schettland & les Orcades à gauche, pousse droit vers l'Irlande, où elle se divise de nouveau, & l'une des Divisions cottoyant toujours la Grande-Bretagne, passe vers le Sud par S. George ou le Canal d'Irlande,

& les Bas-Saxons , par les Hauts-Allemands *Bolch* , par les Danois *Ka-*

d'où elle se jette dans la Mer , pour rejoindre sa Colomne. La seconde Division se trouvant trop serrée prend la route de l'Ouest & du Sud-Ouest , & cottoyant toujours l'Irlande , la double à la fin du côté du Midi , & détournant de là un peu au Sud-Est , se réunit avec la premiere Division à sa sortie du Canal d'Irlande.

L'autre grande Colomne , qui se détourne d'abord un peu vers l'Est ou le Sud-Ouest , poursuit sa route du côté de l'Océan Germanique , & en rasant continuellement les Côtes de la Grande-Bretagne , les Isles de Schettland , & ensuite le Cap de Bucanes & la Côte d'Aberdeen , remplit partout les Bayes & les Rivieres d'une quantité prodigieuse de Poissons , comme s'ils y étoient conduits exprès par la main de la Providence , pour servir de nourriture à une infinité de pauvres gens , & pour faire fleurir le Commerce de tous les habitans en général.

N iiij

*blag* ou *Torsk* , qui est le nom général de toute l'espece , par les An-

---

La Colomne va de-là au Sud, & passe
devant Dumber. Elle se plonge ensuite
en faisant un détour devant les Côtes
fort élevées de S. Tabbs & de Ber-
wick. Elle ne reparoît que sous Scar-
borough , & la troupe ne se reserre
que sur les Bancs de Yarmouth proche l'Angleterre. La Colomne passe
delà à l'embouchure de la Tamise &
en continuant sa route par la Manche
elle disparoît à la fin.

Or , pour venir à la Pêche des Harangs , ce sont les Hollandois, qui ne
manquent pas d'aller au-devant d'eux
avec 1000 ou 1500 Buses. Ils montent jusqu'aux Isles de Schettland ou
Hittland , & j'ai rapporté ci-dessus
( pag. 107 ) tout ce que j'ai pu apprendre de curieux & de précis sur leur façon de pêcher & de préparer ce poisson.

Aussitôt que le Harang arrive sur
les Côtes d'Ecosse , dont il remplit éga-
lement les Bancs , les Bayes & les
Rivieres , les habitans du Royaume

glois *Cod* ou *Codfish*, dans certains endroits, *Keeling*. Dans *Ichthyolo-*

---

se mettent d'abord en devoir d'en prendre autant qu'ils peuvent, de le préparer à leur façon & de l'envoyer promptement aux endroits où le vendent les Hollandois; & comme ceux-ci sont obligés de s'en retourner auparavant chez eux pour changer leur poisson de tonneaux, ils les préviennent & supplantent souvent en donnant leurs marchandises au même prix qu'eux & quelquefois à moins. Quand les Ecossois ont fait leur coup sur le Harang au Nord du Tay, les Pêcheurs de Dumbar & d'autres s'y jettent de même & en prennent des quantités considérables qu'ils aménent à Edimbourg & dans d'autres grandes Villes. Une partie de ces Harangs se consume fraiche dans le Royaume, & l'on fait de l'autre ce qu'on appelle *Red-Herring*, c'est-à-dire, *Harang rouge* ou *fumé*, à la façon de Yarmouth. Quand à la fin le Harang reparoît du côté de Yarmouth, & que pour chercher sa

*gie de Schoeneveld*, il porte le nom
d'*Afellus major vulgaris*. Ce Poiſſon

---

nourriture il ſe diſperſe ſur les bancs
de ſable , c'eſt alors que les Anglois ,
les Hollandois & les François en pêchent de tous côtés des quantités prodigieuſes , & les Habitans de Yarmouth ſeuls en prennent 50000 tonneaux , dont ils font leur Harang fumé (*Red Herring*) , qui ſe débite dans
leur Ville & dans les Comtés voiſines.
Pendant qu'on donne la chaſſe au Harang ſur les Bancs de Yarmouth , il
s'en échappe des troupes conſidérables
qui gagnent l'embouchure de la Tamiſe Elles y tombent en partage aux
Pêcheurs de Londres , de Foulkſtone,
de Dover , de Sandwich &c. qui en
fourniſſent la Ville de Londres & les
autres ſituées le long de la Tamiſe de
même que les Côtes de Kent & de Suf-
ſex. Les Hollandois équipent pendant
ce temps leurs Buſes une ſeconde fois,
& reprennent la pêche ſur les extrémi-
tés des Bancs de Yarmouth conjointe-
ment avec les Vliſſingois , les Braban-

eft fi bien connu , que je me crois
difpenfé d'en donner ici la Defcrip-

---

çons les François & autres Nations.
Le Harang fe précipite à la fin dans
la Manche , où il eft encore attendu
par les François d'un côté & par les
Anglois Occidentaux de l'autre. Il
prend de la fon effor dans l'Océan
Atlantique , & il n'en eft plus queftion.

Le même fort attend ce pauvre
Poiffon de l'autre côté de la Grande-
Bretagne. Les Negocians de Glafcow ,
d'Aire , de Gallowai &c. de même que
ceux de Londondery , de Belfaft , de
Carrickfergus , de Dublin , &c. en
prennent tant qu'ils peuvent , & ceux
de Lewes , & des Ifles Occidentales
l'inquiétent continuellement le long
de tout le Canal , jufqu'à ce qu'il ait
atteint la Mer de Saverne. C'eft là où
il tombe dans les filets des Habitans de
Devonshire, qui joints à d'autres Pêcheurs, le pourfuivent depuis Minhead,
jufqu'à Barnftapel , Beddiford &c. &
de là vers l'Oueft jufqu'aux Villes de la
Côte Septentrionale de Cornwal , où

tion , & sa chair est d'un goût si exquis , qu'il passe généralement par-

---

sans compter ce qui s'en consume dans le Pays, on en sale plusieurs milliers de tonneaux, qu'on envoye de là en Espagne, & dans la Méditerranée. Les Négocians de Pembrock , & généralement de toute la Côte Méridionale de Galles , prennent à leur tour des quantités prodigieuses de Harangs ; & on ne leur donne point de relâche , jusqu'au temps que le Poisson commence à jetter son frai. On ne le poursuit plus dès-lors, & on le perd même de vuë , puisqu'il se plonge dans les abîmes de la Mer, sans que jusqu'à présent on ait pu découvrir ce qu'il devient : s'il s'en retourne au Nord , où s'il tombe en partage aux grands poissons & monstres de l'Océan Atlantique.

Quelqu'un pourroit s'imaginer qu'après une pêche aussi générale & aussi abondante il ne doit guéres rester de Harangs dans la Mer & que toute cette troupe du Nord, quelque énor-

tout pour un manger délicieux.
Le Cabeliau fe nourrit de toutes

---

me qu'elle puiffe avoir été, doit à la
fin être exterminée fur toutes les Côtes où elle paffe fucceffivement. Mais
le contraire eft évident par les quantités prodigieufes de ces poiffons qu'on
voit encore à leur départ, lorfqu'ils fe
jettent dans la Mer de Saverne en
quittant les Côtes d'Angleterre &
d'Irlande, & l'on diroit plutôt que les
pertes qu'ils ont fouffert en chemin,
font à peine perceptibles. Ceux, qui
font au fait de ces calculs, prétendent même, que la proportion du
nombre des Harangs pris par tous les
Pêcheurs dans leur route eft au nombre de toute la troupe telle qu'elle
arrive du Nord, comme un eft à un
million ; & je crois de mon côté, que la
quantité énorme de gros poiffons de
proye, comme les Finn-Fifch, les
Marfouins, les Chiens Marins &c. en
prennent un nombre beaucoup plus
confidérable que tous les Pêcheurs
enfemble.

sorte de Poissons , principalement
de Harangs , & de gros & petits

---

Le Harang fréquente aussi les Côtes de l'Amérique Septentrionale ;
mais il s'en faut beaucoup qu'il y soit
si abondant qu'en Europe , & en tirant
du côté du midi on n'en voit plus au-
delà des fleuves de la Caroline. On ne
sçauroit dire , si cette Colomne qui arrive en Amérique est un détachement
de la grande troupe , qui venant d'a-
bord du Nord sur les Côtes du Groenland , s'écarte peut-être sur les Côtes
de Nord-Ouest de l'Amérique , au lieu
de tirer au Sud-Est avec les autres ,
ou si c'est peut-être un reste de ceux
qui s'en sont retournés par la Manche ,
comme je viens de l'expliquer. Quoiqu'il en soit , autant que j'ai pu découvrir par mes recherches, le Harang
ne se trouve jamais , du moins en
quantité , dans les Pays Méridionaux,
comme l'Espagne , le Portugal , les
Côtes Méridionales de la France , ni
sur les Côtes de l'Océan , ni dans la
Méditerranée , ni sur les Côtes d'Afri-

Crabes de·Mer , comme nous le
voyons tous les jours dans l'eſtomac

---

que: comme s'il étoit défendu à ce
Poiſſon de ſe livrer à ces Peuples ,
ainſi qu'il fait aux autres , pour les
mettre dans la néceſſité de tirer leurs
proviſions d'Angleterre. Ce ſont ſur-
tout les Négocians de Devonshire &
de Cornwal , qui ſçavent le préparer
en le preſſant d'une façon particuliere,
& qui en envoyent des quantités conſidérables en Eſpagne , à Veniſe , à Li-
vourne &c. comme il eſt dit plus am-
plement dans *l'Atlas de Mer & du
Commerce* , pag. 104.

Je ne ſçaurois m'empêcher d'ajouter ici un mot ſur la façon dont les
Anglois préparent leur Harang ſur les
Côtes de Yarmouth. Ils en font de deux
eſpeces, l'une nommée *Red-Herring*, ou
Harang rouge , de la couleur rouſſâtre
que lui donne la fumée. & l'autre appellée *White-Herring*, ou Harang blanc de
ſa couleur naturelle & argentine, qu'ils
ſçavent conſerver. Auſſi-ôt qu'ils en
ont pris une barque pleine , ils l'a-

de ceux qu'on pêche proche Hilgeland à l'embouchure de l'Elbe.

---

menent à terre, & l'ayant vuidé &
coupé les ouies, ils le mettent dans
des tonneaux avec du sel d'Espagne,
ayant soin de les remuer de temps en
temps. Après l'y avoir laissé pendant
16 ou tout au plus 24 heures, ils l'ô-
tent des tonneaux, le lavent bien avec
de l'eau fraîche & le suspendent sur
des bâtons posés sur des lattes ou perches fort longues dans des cabanes
faites exprès pour cet usage. Ils y font
ensuite du feu avec du bois fendu
bien menu qu'ils rallument toutes les
quatre heures, ayant grand soin de
fermer exactement les cabanes, pour
y contenir la fumée & la faire boire
au Poisson. Ils y laissent pendant six
semaines celui qui doit être envoyé
hors du Royaume, & on l'empaquete bien serré dans des tonneaux pour
l'envoi. Voyez-en davantage dans
l'*Historia Piscium de Willoughby*, pag.
220.

Je finirai cette grande note par un
On

On ne sçauroit trop admirer la faculté inconcevable pour digerer, *Sa digestion est étonnante.*

---

extrait de la Relation de la *Pêche des Sardines* ( en anglois *Pilchards* ) qui est si avantageuse pour la Grande-Bretagne. On la trouve de même fort au long dans l'*Atlas de Mer & de Commerce*, à l'endroit cité. Ce petit Poisson se montre principalement sur les Côtes des deux Comtés Occidentales Devon & Cornwall, ausquelles il apporte beaucoup plus de profit qu'aucun autre Poisson de Mer. Le véritable temps de cette Pêche dure depuis le commencement d'Août jusqu'à la Toussaint. On prétend que c'est en poursuivant un certain petit Poisson appellé *Britt* que les Sardines entrent dans les Bayes & les embouchures des Fleuves. Elles arrivent avec la Marée & nagent si près de la surface de l'eau qu'on les apperçoit de loin par les ondulations continuelles qu'elles y excitent. On les prend de deux façons différentes, & leurs Pêcheurs portent de même deux noms différens selon

*Tome I.*         O

que la Nature a donné à cette espece d'animaux. Tout petit Poisson

---

la diversité de leur emploi. Les uns
appellés *Drovers* guettent la grande
troupe lorsqu'elle entre dans les Fleuves & les Bayes, & la reçoivent avec
de grands filets quarrés tendus directement contre le courant de la Marée.
Il est vrai qu'il s'en échappe beaucoup
par-dessus & à côté du filet, mais tout
ce qui le frape directement, s'y
trouve enveloppé & pris. Les autres
Pêcheurs nommés *Sayners* pêchent en
pleine mer, & se plaignent continuellement des premiers, prétendant qu'ils
ruinent la Pêche, attendu que leurs
filets flottans ne peuvent prendre que
peu de Poisson à la fois, & que néanmoins ils rompent & dispersent la
troupe jusqu'à la chasser de la Côte.
On dit outre cela que le Poisson pris
par les *Drovers* ne fait jamais de bonne Marchandise, parce qu'on ne sçauroit l'arracher promptement des mailles serrées de leurs filets sans le blesser
& écraser.

avalé eſt entiérement digeré en
moins de ſix heures, comme l'ex-

Le mot de *Sayn*, dont vient celui
de *Sayners*, ſignifie un grand filet,
qui n'eſt pas autrement conſtruit que
ceux dont on ſe ſert communément
dans les rivieres, mais qui eſt beaucoup plus long ; en ſorte qu'au lieu
de 30 ou 40 braſſes, qui eſt la meſure
ordinaire, le *Sayn* en a quelquefois
5 ou 600. Ce filet eſt dirigé par 3 ou
4 barques fort larges, dont chacune
eſt garnie pour le moins de ſix hommes. Ces barques ayant mis en mer
avec leurs filets les tendent du côté
d'où doit venir le fil du poiſſon. On
ſe régle pour cet effet ſur les ſignaux
que donnent les *Balkers* ou *Huers*,
c'eſt-à-dire, les Marqueurs ou Crieurs,
qui ſont poſtés ſur les collines élevées
des environs, & qui diſtinguent de
loin le cours du Poiſſon par les ondulations de l'eau. Ces ſignaux ſont des
cris, des ſifflemens, des drapeaux ou
autres, ſelon qu'on en eſt convenu,
& les Pêcheurs s'y conforment exacte-

périence le démontre. Nos Pêcheurs
de l'Isle de Hilgeland, pour prendre

---

ment pour opposer directement leurs
filets au Poisson qui arrive. Les filets
étant bien posés , quelques-unes des
barques vont par un grand détour gagner le derriere du banc de Poissons
qui approche , & y étant arrivées on
bat l'eau à grands coups de rames
pour le faire précipiter dans le filet.
On en joint à la fin les deux extrêmités , & on le retire , soit en pleine
mer , en déchargeant le Poisson dans
les barques , soit à terre dans des endroits où il n'y a point de rocher &
où le rivage n'est pas trop escarpé.
Cette derniere façon de décharger le
Poisson est la plus avantageuse & on
la pratique toujours quand on le peut.
aussi tire-t-on souvent 3 ou 400 tonneaux de Poissons à terre d'un seul
banc qui passe sur la Côte.

On empaquete & presse les Sardines dans des tonneaux de la même
maniere que les Harangs , & on les
trafique fort avantageusement en Es-

du Schelfisch , mettent leurs hameçons en Mer pour six heures , en se réglant sur la Marée , qui , comme tout le monde sçait , change toujours après cet intervalle de temps. Or , si bientôt après que l'hameçon a été jetté , un Cabeliau avale un Schelfisch qui s'y étoit pris auparavant , on trouve en retirant la ligne au changement de la Marée , que le Schelfisch est déjà digeré , & que l'hameçon qui l'avoit pris , tient maintenant au Cabeliau , si bien qu'il sert à le tirer de l'eau. Si au contraire il n'a avalé le Schelfisch qu'un peu de temps avant qu'on retire la ligne , il s'efforce à conserver sa proye avec tant d'acharnement , qu'il se laisse enlever en l'air avec elle ; mais il l'abandonne aussi-tôt , & se replonge au fond de

---

pagne , en Italie & au Levant.

Quant à la façon de les saler , de les enfumer & de les empaqueter , on peut consulter. *Willoughb. A l'endroit cité* , pag. 223. &c.

la Mer. On apperçoit encore plus clairement la force de cette faculté digeſtive dans des Cabeliaux qui ont avalé de gros Crabes : & quoi-qu'on ne ſçache pas au juſte, ſi peut-être à cauſe de l'écaille il ne leur faut pas un peu plus de temps, que pour digerer un Schelfisch ; j'ai néan-moins appris des plus expérimentés Pêcheurs de Hilgeland, que l'écaille eſt d'abord la premiere attaquée dans les eſtomacs de ces Poiſſons ; qu'elle devient bientôt auſſi rouge qu'une Ecreviſſe qu'on fait bouillir dans l'eau, qu'elle ſe diſſout enſuite en forme de bouillie épaiſſe, & qu'à la fin elle ſe digere tout-à-fait. *

**Maniere de ſe pêcher.**    Les Iſlandois pêchent ce Poiſſon à l'hameçon, en y attachant pour amorce un morceau de moule ou

---

* De même que les Tortues de Mer ſont digerées promptement dans l'eſto-mac du Crocodile, ſelon le rapport du *P. Feuillée* dans ſa *Continuation du Journal des Obſervat. Phyſiques,* pag. 375.

de macheoire fraiche & rouge d'un Cabeliau récemment pris ; mais il mord beaucoup mieux sur un morceau de viande cruë & chaude, ou sur le cœur d'un Oiseau, tel qu'une Mouette, & qu'on vient de tuer. Il est certain, que de cette derniere maniere un Pêcheur prendra plutôt 20 Poissons, qu'un autre qui sera à côté de lui n'en prendra un avec l'amorce ordinaire. C'est aussi pour cette raison, que ces artifices trop avantageux pour un seul Particulier, sont expressément défendus par un Edit du Roi dans le temps ordinaire de la Pêche. En effet un peu avant ce temps la quantité de ces Poissons est si prodigieuse ici, que leurs nageoires du dos sortent de l'eau, & qu'on les voit souvent mordre à un simple hameçon de fer sans amorce.

Le véritable temps de la Pêche, commence à la Chandeleur, & dure jusqu'à S. Jacques & S. Philippe. Le temps devenant alors plus chaud, on ne peut plus préparer le Poisson pour le garder.

*Temps de la Pêche.*

On remarque généralement, que
le Poisson monte toujours contre le
courant de l'eau. La Pêche se fait pendant le jour sur la haute Mer & dans
les Golfes profonds , & pendant la
nuit dans les endroits qui n'ont pas
plus de six brasses d'eau , & dans
d'autres où les flots violemment
brisés contre les bancs de sable &
les rochers l'empêchent de se sauver. Le meilleur & le plus délicat
est pris sur la haute Mer dans 40 ou
50 brasses de profondeur , où il trouve sa nourriture la plus convenable.
Celui, qu'on pêche sous la Côte ou
dans des Golfes peu profonds , n'est
pas à beaucoup près ni si bon ni si
tendre.

*Deux espe-*
*ces de Stoc-*
*fisch.*

Les Islandois sçavent préparer de
ce Poisson deux sortes de *Stocfisch* ,

---

* Je me sers ici du mot de *Stocfisch*
dans le sens général ; parcequ'on est
assez en usage dans la Haute-Allema-
gne & ailleurs de comprendre tous
les Poissons séchés sous ce même nom,
qui vient originairement de l'ancienne
qui

qui est ici aussi tendre & délicieux, que dans aucun autre endroit.

---

façon de le sécher. Les Peuples du Nord avoient de tout temps coûtume de sécher le poisson qui étoit leur principale nourriture, afin de le conserver par ce moyen pour le temps où la pêche finit. Le mot Allemand *Stocfisch*, qui a été adopté presqu par toutes les Nations, & qui signifie *Poisson à bâton*, vient apparemment de la dureté qu'il contracte en séchant, ou peut-être de la figure ronde qu'on lui donne en le roulant dans le temps qu'il séche. Le premier *Stocfisch* est sorti de la Norwége, & la plus grande quantité en vient encore aujourd'hui. Le Cabeliau & le *Dorsch* en fournissent le plus grand nombre, & l'on peut consulter la *Topographie de Norwége*, pag. 113. &c. sur la maniere de pêcher, de préparer & de sécher le Poisson. Les gens du Pays l'apportent dans des tonneaux énormes à Drontheim & à Bergen, qui sont les deux entrepôts de cette Marchandise, d'où on la transf-

*Tome I.*         P

La premiere forte , qu'on appelle

porte par toute l'Europe. Les efpeces , telles qu'on les prépare aujourd'hui , font 1. le *Rothfchær* , en Danois *Rots-kæring* , qui vient de *Rot* ( Racine ) & *Skæra* ( fendre ) parce que ce Poif-fon eft fendu depuis le haut jufqu'en bas. On lui coupe d'abord la tête , & après l'avoir vuidé on le fend par le dos , on ôte l'arrête , & l'on fend de même le ventre jufqu'à la queuë , en-forte qu'il reffemble à deux bandes longues & plattes , ou , comme s'ex-prime *Olaus Magnus* , à l'endroit ci-té , *ventres in bicubitales ligulas inftar funium abfciffas* , c'eft-à-dire , ,, ayant ,, les ventres comme des bandes de ,, deux coudes de long & coupées com-,, me des cordes. ,, La meilleure efpe-ce du *Rothfchær* eft celle qu'on appel-le *Zartfifch* , qui fignifie Poiffon ten-dre , parce qu'il eft en effet plus ten-dre que les autres , & on le prépare du *Dorfch* pris près de la Côte. Il s'y mêle quelquefois auffi des grandes Mo-ruës féchés de la même maniere, & elles

*Flacfisch* du mot *Flacken*, qui veut

---

font les plus tendres de tous. Le *Zart-
fisch* en général passe presque tout dans
les Pays Catholiques-Romains où il
fait les délices des riches Couvens. 2.
Le *Rundfisch*, c'est-à-dire, Poisson
rond qu'on ne fend point. On ne fait
qu'ouvrir le ventre, & après l'avoir
vuidé on le suspend par la queuë avec
une ficelle. Le Poisson se roule alors
en séchant, & devient presque tout
rond. Les meilleurs de cette espece
vont en Hollande, & les autres à
Breme.

Le *Rundfisch* ne peut être fait que
dans le Printemps, où l'air est assez
pénétrant pour sécher le poisson en
entier, & dès qu'il fait plus chaud, il
faut le fendre, afin que le vent le pénétre plus aisément, c'est-à-dire, il
faut en faire du *Rothschær*. V. à ce
sujet la *Topographie de Norwége*, à
l'endroit cité, & la *Norrigia Illustrata
de Jons Laurizen Wolff*, écrite en
Danois, qui dit pag. 62. » Dans le Prin-
» temps ils le laissent sécher en rond ;

dire *fendre*, eſt la meilleure, la plus délicate & la plus chere. *



On le prépare de la façon ſuivante : les Pêcheurs étant arrivés à terre avec leur Poiſſon, le jettent ſur le rivage, où les femmes qui les y attendent pour cet effet, lui coupent ſur le champ la tête, & après

---

» mais ils fendent leur Poiſſon d'été, » & on l'appelle alors *Rothſchær.*

* *Flaka* veut dire couper ( *diſcindere* ) & *Flak* ſignifie bande, lame, ( *Tomus, diſſectum, veluti cum Piſcis in tomos oblongos ſecatus eſt* ; c'eſt-à-dire, » comme un Poiſſon coupé par » lames & par bandes. ») V. le *Lexicon Iſland.* de *Gudman André. & Arent. Berg* dans la *Deſcription de Danemarc & de Norwége* écrite en Danois, dit pag. 273. » Les Habitans de Nor-» wége ne vivent preſque que de leur » Pêche, qui conſiſte pour la plus » grande partie en *Dorſch*, en gran-» des Moruës, & en Flaitans. Ils n'en » ſalent preſque point, & ne font que » fendre le Poiſſon & le ſécher, »

l'avoir vuidé le fendent du côté du ventre de haut en bas. Elles lui ôtent enfuite l'arrête du dos depuis la tête jufqu'à la troifieme vertebre au-deffous du nombril, parce que c'eft fous cette arrête principalement, que le Poiffon commence à fe gâter. Cet ouvrage étant fait, les femmes emportent fur leur dos les têtes coupées, dont elles font fur le champ un bon repas, & les arrêtes qu'elles brûlent en guife de bois, fans oublier les foyes qu'elles confervent pour en faire de l'huile. Les hommes, qui pendant le travail des femmes fe repofent en fe régalant felon leurs facultés de plus ou moins d'eau de vie, mettent enfuite ces Poiffons fendus par petits tas, les uns au-deffus & à côté des autres, fans cependant y mettre du fel, & le laiffent fermenter en cet état pendant trois ou quatre femaines, felon que le vent eft plus ou moins fec, pénétrant & conftant. Ils conftruifent après cela des bancs quarrés de cailloux de rivage, fur lefquels ils rangent le

Poisson pour le sécher, ensorte que
la queuë de l'un soit à côté du
ventre de l'autre, & que la peau de
tous soit tournée vers en haut, pour
empêcher que la pluye ne le pénétre ; ce qui feroit venir des taches
sur la chair du Poisson. Lorsque le
temps est au beau, & que le vent
souffle beaucoup du Nord, il ne faut
qu'environ trois jours pour sécher
le Poisson à son point. Quand il est
bien sec, on en fait des tas de la
hauteur d'une maison, &, sans le
couvrir, on le laisse exposé aux in-
jures du temps, jusqu'à ce qu'on le
débite aux Négocians Danois, qui
en recevant leur marchandise l'en-
taffent de même, & la laissent en
cet état jusqu'après la S. Jean, qu'ils
la chargent dans les Vaisseaux.

**2. Hengfisch.** La deuxieme sorte de *Stocfisch*, que
les Islandois préparent du Cabeliau,
porte le nom de *Hengfisch* du mot
*Hengen*, qui veut dire suspendre.

**Maniere de le préparer.** On commence d'abord à le préparer de la même maniere que le
*Flacfisch*, sinon qu'au lieu de lui ouvrir le ventre, on le fend du côté du

dos ; & après en avoir ôté l'arrête on fait une fente d'environ 7 ou
8 pouces de long au haut de l'estomac , pour pouvoir le suspendre.
On le couche ensuite par terre , &
pendant qu'il y fermente , on éleve
quatre parois de petits morceaux
de rocs entassés legérement les uns
sur les autres , & sans aucune liai-
son , afin que le vent y passe facilement de tous côtés. On couvre le
tout avec des planches & des gazons. Lorsque le Poisson a cessé de
fermenter , on l'ôte de la terre , &
on le passe par la fente sur des perches de bois , qu'on suspend les unes
à côté des autres dans des cabanes
construites de rocailles. Le Poisson
s'étant à la fin bien séché à l'air , on
l'ôte des perches , & on l'arran-
ge par tas de la maniere précé-
dente.

Cependant il y a une différence
considérable entre le Poisson séché
sur un rivage abondant en cailloux
ou pierres , & un Poisson séché sim-
plement sur le sable. Le premier
devient beaucoup plus ferme , plus

Différence dans la ma-<br>niere de sé-<br>cher.

blanc & plus durable , au lieu que celui-ci , qu'au défaut de pierres on étend sur l'arrête qu'on a ôtée du dos , devient jaune , & ne se conserve pas si longtemps que l'autre.

Il est certain , qu'en ne connoissant que la nature & l'effet d'un Climat tempéré & humide , on aura de la peine à concevoir , comment il est possible , qu'un Poisson si gros & si gras , préparé si négligemment sans sel , & entassé en plein air , se conserve sans pourriture & de façon , qu'envoyé dans d'autres Climats il se garde pendant plusieurs années. Mais il faut faire attention au froid pénétrant qu'il fait dans ces Pays , principalement dans le temps qu'on prépare ce Poisson , à la pureté de l'air, & à la sécheresse étonnante des vents du Nord , * qui

---

* Voici ce qu'en dit *Olaus Magnus*, à l'endr. cité , Liv. 1. Ch. 2. *Aer semper frigidus est & serenus , tantaque est aëris temperies, ut pisces nullo sale conditi , sed solo aëre siccati toto decennio a*

chassent absolument toute l'humidité, qui est la *Cause intrinseque* de la
fermentation & de la putréfaction.
Il faut considérer de plus, que dans
cette Isle, du moins du temps de
la préparation du Poisson, il n'y a
point de grosses Mouches, & que le
petit nombre de ces insectes, qui

---

*putrefactione durent*, c'est - à - dire.
» L'air y est toujours froid & serein,
».& il est si bien tempéré, que les
» poissons sans être salés & n'étant
» que séchés à l'air se conservent sans
» pourrir pendant dix ans. « Cela est
si vrai que les Norwégeois sçavent
même sécher & conserver la viande
par le moyen de l'air & du vent. Je
trouve aussi dans la *Topographie de
Norwége* pag. 15, qu'on y séche de
même les Oyes sauvages, & particulierement deux especes d'oiseaux,
l'un appellé *Leyer*, qui est fort gras,
& l'autre nommé *Skrab*, & qu'on
s'en sert en guise de pain. V. aussi sur
ce sujet la *Norrigia Illustrata* de *Jons
Lauritzen Wolff.* pag. 298.

pourroit s'y trouver dans la suite ; ne touche plus au Poisson préparé à cause de son odeur de marécage, qui paroît leur repugner ; que par conséquent ce Poisson n'est jamais infecté de leurs œufs & vers , qu'on peut regarder comme *la Cause extrinséque* de la Putréfaction. Tout ceci joint ensemble fait comprendre ce qui fait que le Poisson sec peut se conserver si longtemps , & nous devons admirer la Providence , qui de la rigueur même du Climat procure un avantage si considérable à ses habitans.

*Autre maniere de préparer du Stocfisch.* Dans les Isles de Westmanoë on prépare le Cabeliau à la façon de de Norwége , pour en faire une espece de *Stocfisch,* qu'on appelle *Rothschær.* ( *V. la note de la page 81.* ) On fend le Poisson du côté du dos, aussi bien que du côté du ventre, ensorte que les deux moitiés ne tiennent ensemble que par l'extrêmité de la queuë. On le couche ensuite par terre pour le laisser fermenter , & on le fait sécher après cela, en le suspendant sur des perches de bois tenduës dans des cabanes de rocaille sans toict. Cette espece de *Stocfisch* est consumée dans le Pays même. On le transporte rarement, parce que les habitans de l'Isle n'ont point de commerce avec les Marchands ordinaires de *Rothscær*, qui tirent toutes leurs provisions de Norwége, où ils ont des comptes ouverts & une relation intime & cultivée depuis nombre d'années.

Les Flibustiers Hollandois ont une autre maniere de préparer le Cabeliau sur leurs Vaisseaux, & ils lui donnent alors le nom de *Labberdan.* * Ils ne font autre chose, que

*Préparation du Labberdan.*

---

* *Aberdaine*, *Abberdeen*, c'est-à-dire *Asellus Aberdonensis*, comme l'appelle *Willoughby*, vraisemblablement parce que les Ecossois l'ont les premiers preparé en cet endroit. Les Ecossois & même les Irlandois sur les côtes de Nord-Ouest & d'Est de leur Isle pêchent tous les ans quantité de Cabeliaux, dont ils font du *Labber-*

de lui couper la tête, & après l'avoir vuidé du côté du ventre, le ranger dans des tonneaux avec des couches de gros sel.

En voilà assez du Cabeliau, dont l'utilité immense * paroît suffisam-

------

*dan*, qui sert de nourriture ordinaire aux Matelots.

* J'ajouterai encore un mot à ce sujet, pour faire voir qu'il n'y a rien d'inutile dans cet excellent Poisson, & combien ces Négocians habiles du Nord sçavent profiter des choses même les plus méprisables pour en faire de l'argent. Lorsque les Norwégeois vuident leur Cabeliau pour en faire du *Stocfisch*, ils ont grand soin de garder les intestins & les œufs & de les apporter avec leurs autres Marchandises à Drontheim & à Bergen. C'est là où les Marchands Forains, & surtout nos Commis du Comptoir des Villes Hanséatiques les achetent en grande quantité, & les ayant arrangés avec soin dans des tonneaux les envoyent à Nantes, soit directement ou par la

ment par les récits que je viens de
faire , & qu'on connoîtra encore
davantage par ce qui me refte à dire
des autres Poiffons de fon efpece.

La grande Moruë ( *Afellus longus* , en Anglois *Ling. V. Willoughb. Hift. Pifcium* , pag. 175. ) eft auffi une efpece de Cabeliau , qui eft plus mince & plus longue , que l'efpece ordinaire. Ce Poiffon a la peau extrêmement graffe & de bon goût , & fon foye paffe pour un manger excellent.

La grande Moruë.

On fait auffi de ce Poiffon du *Flacfisch* & du *Hengfisch*, & la préparation eft la même que ci-deffus ; mais ils ne valent pas ceux qu'on fait du

Deux fortes de *Stockfisch*.

voye de Hambourg. Les Nantois de leur côté s'en fervent avec beaucoup d'avantage dans leur Pêche de Sardines. Ils epluchent ces inteftins par petits morceaux qu'ils jettent pour amorce dans les endroits où ils tendent leurs filets ; ce qui attire les Sardines de tous côtés & en rend la Pêche extrêmement abondante.

Cabeliau même , & les habitans de l'Isle sont obligés de le consumer dans le Pays , ce qui paroît d'autant plus extraordinaire , que les Norwégeois sçavent préparer de ce même Poisson la meilleure & la plus chere espece de ce qu'ils débitent sous le nom de *Rundfisch*. Telle est la différence du Poisson , selon la bonté-de la Côte , ou de sa nourriture. &c. & quelquefois selon le plus ou moins de dextérité avec laquelle il est préparé.

Les Islandois ne réussissent pas non plus à en faire ce qu'on appellé *Klippfisch* ou *Poisson de Rocher* , qui porte ce nom des rochers ou des cailloux unis , sur lesquels on l'expose pour le sécher. Cette espece de *Stocfisch* est assez mauvaise , & se corrompt aisément ; ce qui est cause qu'on n'en envoye pas hors du Pays.

Les Hittlandois au contraire , qui ne sont pas fort éloignés de cette Isle , sçavent préparer de ce même Poisson leur excellent *Klippfisch* , qui a même mis leur Isle d'ailleurs assez inconnuë dans une espece de réputation. * Admirons ici les traits marqués de la Providence , qui a

---

* C'eſt dans les Iſles de Hittland qu'on fait le meilleur *Klippfisch* & le plus propre à garder. L'eſpece ordinaire ſe fait du Cabeliau, & la plus délicate de la grande Moruë. En voici la préparation. Les habitans pratiquent ſur le bord de la mer de grands coffres quarrés de bois qui contiennent 500 poiſſons. Ils leur coupent d'abord la tête & après les avoir vuidés & ôté la grande arrête, ils les rangent par couches & les laiſſent tremper ainſi pendant 7 ou 8 jours. Ils les mettent enſuite dans des preſſes de bois, qu'ils chargent avec quantité de pierres, pour les bien applatir. Après les y avoir laiſſés pendant 10 jours, ils les étendent un à un au bord de la mer ſur de petits lits de cailloux bien polis & arrondis par les flots & aſſez élevés au-deſſus de l'eau , où ils les laiſſent ſécher au vent, au froid & au ſoleil. Auſſitôt qu'ils ſont ſecs, ils les rangent par tas dans les magaſins, ayant ſoin de les bien couvrir, pour

si bien distribué dans ces Pays ingrats les dons de la Nature & les talens d'en profiter, en donnant aux Islandois leur *Flacfisch* & *Hengfisch*, aux Norwégiens le *Rundfisch*, & aux Hittlandois le *Klippfisch* ; afin que chacune de ces Nations ait son secret particulier, pour commercer avec l'étranger, sans qu'elles puissent se nuire.

*Le Schel-*
*fisch.*      Le *Schelfisch*, ( *Onos* ou *Asinus* des Anciens, *Asellus tertius*, ou *Æglefinus* de *Rondelet*, *Æglefinus* ou *Ægrefinus* de *Bellonius*, en Anglois *Haddock*, ) est de l'espece des Cabeliaux ; mais il n'est pas de si bon goût, ni si

---

empêcher l'air & le vent humide d'y pénétrer & de les amollir. Ils prennent cette même précaution, lorsqu'ils embarquent leur Poisson dans les Vaisseaux : car plus il est couvert & à l'ombre, mieux il se conserve, lorsqu'il est séché à son point. C'est dans le mois de Février qu'on pêche le meilleur Cabeliau & en Août la meilleure grande Moruë pour en faire du *Klippfisch*.

grand

grand que l'espece ordinaire. Il a outre cela de petites écailles fensi- bles à l'attouchement, au lieu que toutes les autres especes de Cabe- liaux, font unies & abfolument fans écailles. *

Le *Wittling*, espece de *Merlan*, ainfi nommé de la couleur blanchâ- tre de fon dos ; (*Afellus candidus*,

Le *Witt- ling.*

---

*Le nom de *Schelfisch*, qui veut dire poiffon à écaille, vient felon quelques- uns de ce que fa chair étant cuite s'é- caille plus facilement qu'aucune autre, ce qui flatte en effet beaucoup la vue & réveille l'appétit. Mais je fuis plutôt porté à croire, que fon nom vient des écailles fenfibles, qui le couvrent par dehors & par lefquelles il fe diftingue de tous les autres Poiffons de fa Claf- fe : car les Hollandois & même nos Marins & Pêcheurs Bas-Allemands appellent les Ecailles de Poiffon *Schel- fen*, & ils difent *Schelfern* pour écail- ler un Poiffon ( *defquamare pifcem.* ) V. l'*Ethymologicum Teutonicæ Linguæ* de *Kilian*.

*Asellus mollis major sive Albus de Willoughb.* pag. 179. en Hollandois *Witting*, en Anglois *Whiting*, que nos Pêcheurs de Hilgeland appellent *Gaatjens*, ) ressemble plus au Schelfisch qu'au Cabeliau. Il a le corps allongé & les dents extrêmement pointuës. Sa chair est fort délicate, mais elle ressemble à celle du Schelfisch en ce que l'une & l'autre ne font pas propres pour faire du bon *Flacfisch* & *Hengfisch*, & qu'elles font de peu de débit, si les autres ne nous manquent pas. *

---

* Je suis d'avis que ce *Wittling* est la véritable Moruë, quoiqu'on donne communément à Paris ce nom à la Moluë, qu'on pêche sur les Bancs de Terreneuve, & que *Rondelet* même confonde l'une avec l'autre. La Molue ou Merluche ( *Merlucius*, quasi *Maris Lucius*, ) en Anglois *Cod* ou *White-fish*, en Hollandois *Backeliauw* est plutôt une espece de Cabeliau. Cependant je n'ai pas pu connoître jusqu'à présent les marques caractéristi-

Le *Dorsch (Asellus varius* ou *Stria-* Le *Dorsch*
*tus*, en Danois *Torsk*, que les Pruf-

---

ques, par lesquelles ce Poisson se distingue de notre Cabeliau. Les Natu-
ralistes ne fréquentent guéres ces endroits, & il est difficile de tirer des Pêcheurs quelque chose d'exact & de suivi sur la nature des Poissons. Je ne
sçaurois cependant pas m'empêcher de
remarquer ici en passant, que ce Poisson insatiable a reçu de la Nature un
avantage singulier, que bien de nos
gourmands souhaiteroient pouvoir partager avec lui. C'est que toutes les fois
que son avidité lui a fait avaler un
morceau de bois ou quelqu'autre chose d'indigeste, il vomit son estomac,
le retourne devant sa bouche, & après
l'avoir vuidé & bien rincé dans l'eau de
mer il le retire à sa place & se remet
sur le champ à manger. Ce fait est avé-
ré entr'autres par *Denys* dans sa *Description des Côtes de l'Amérique Septentrionale.* Vol. II. pag. 181, où il dé-
crit fort exactement toute la Pêche &
la préparation des Poissons, comme

ſiens appellent *Pomuchel* ) eſt la plus
petite eſpece de Cabeliau.  Ce Poiſ-

---

elle ſe fait ſur les Côtes de Terreneu-
neuve, en remarquant en même temps
que la Moluë verte  ou blanche & la
Moluë ſéche ou Merluche ſe font du
même Poiſſon , & que la différence
de la dénomination ne vient que de
la façon différente de le préparer. Il
faut obſerver après tout, que la Moluë
verte qu'on embarque auſſitôt que le
Poiſſon eſt coupé & que ſans l'enton-
ner on range par couches avec du ſel
dans le Vaiſſeau , n'eſt autre choſe que
du Cabeliau ſalé connu parmi nous
ſous le nom de *Labberdan* , de même
que la Moluë ſéche reſſemble beaucoup à notre *Klippfiſch.* Celle - ci eſt
plus petite que la verte , & avant de
l'embarquer on la ſale ſur le bord de
la mer. On la lave enſuite dans la Mer
même , & après avoir laiſſé dégouter
l'eau ſur des clayes on  la range une à
une ſur des bancs de pierre , & après
cela en tas pour la laiſſer bien ſécher,
On l'entaſſe enfin dans le Vaiſſeau ſur

A. Habillement des Pêcheurs.
B. La Liane.
C. Maniere de Pêcher.
D. Maniere de vuider le Poisson.
E. L'Auge dans le quel on jette le poisson vuidé.
F. Des Coffres pour le Sel.
G. Maniere de porter le Poisson.
H. Maniere de le laver.
I. Maniere de presser l'huile des foyes.
K. Vase pour recevoir l'eau et le Sang qui sort des foyes.
L. Autre Vase pour recevoir l'huile des Foyes.
M. Maniere de secher le Poisson sur des Clayes.

ſon a des écailles extrêmement ſub-
tiles & imperceptibles à l'attouchement & même entre les dents. Sa
couleur eſt griſâtre & un peu dorée,

---

des fagots & on la tranſporte ainſi en
France.

*Planche II.*

Je joins ici, pour ſatisfaire la curioſité du Lecteur, les figures de la Pêche & de la préparation de ces Poiſſons uſitées en Terreneuve, telles que
je les trouve repréſentées ſur la belle
Carte de l'Amérique Septentrionale de
*Herman Moll*, nouvellement gravée à
Londres. L'équipement pour cette Pêche ſe fait dans l'Angleterre Occidentale. Les Vaiſſeaux qu'on envoye pour
pêcher & pour tranſporter le Poiſſon
en Angleterre, portent le nom de
*Newfoundland-Ships*, ou *Newfound-
land-Men*, c'eſt-à-dire, Vaiſſeaux de
Terreneuve ou *Bankers*, c'eſt-à-dire,
Banquiers. Ceux au contraire qui n'y
vont que pour acheter le Poiſſon tout
préparé & pour le tranſporter en droiture en Eſpagne, en Italie &c. ſont
appellés *Sack-Men*.

& il est marqueté de quantité de taches & rayes brunes ou noires. Sa
chair est fort délicate, & les meilleurs font ceux qu'on prend dans la
Mer Baltique & principalement du
côté de Lubec, où ils font d'une
couleur plus claire en été & d'un gris
foncé en hyver. Les Commis Danois
pour le Commerce d'Islande font
quelquefois fécher & apprêter ce
Poisson comme du *Flacfisch*, & ils
l'appellent alors *Tietling*. C'est un
manger délicieux destiné pour présent à la Cour de Coppenhague,
qu'on transporte rarement ailleurs.

Le Char-
bonnier.
   Le *Charbonnier* ou *Koolfisch* ( *Asellus niger*, *Carbonarius* de *Willoughb.
Jchthyol. pag. 168.* en Hollandois
*Kool*, en Anglois *Colefish* ) ainsi appellé de fa couleur qui est très-fon-
cée, est aussi une espece de Cabeliau, mais un peu plus petite. Il lui
ressemble au reste en tout; mais il
est si maigre & a si peu de goût,
que les Islandois, auxquels les meilleures especes ne manquent pas, n'en
mangent point eux - mêmes. On
prend ce Poisson en grande quanti-

té du côté du Cap du Nord *, &
on remarque généralement, qu'il
dirige toujours sa course vers la
Norwége, où il est connu sous les
noms de *Sey*, *Graasey*, *Stifisk* ou
*Ofs*. Il s'en prend surtout des quantités prodigieuses dans le temps qu'il
est poursuivi par les Baleines, qui le
serrent souvent de si près, que ne
sçachant par où se sauver il vient
se jetter sur le rivage. Il sert de nourriture aux plus pauvres, qui gardent
son foye avec soin pour en faire de
l'huile. Il y a même une Ordonnance
à Bergen, qui défend aux Négocians des Villes Hanséatiques de nourrir leurs domestiques avec ce Poisson, pour ne pas le renchérir aux
dépens des pauvres, auxquels les
plus gros ne coûtent qu'un schelling
de Lubec. Nos Pêcheurs de Hilgeland en prennent aussi de temps en
temps, & l'apportent à Hambourg ;
mais ils en trouvent peu de débit.

---

* V. La Pêche de Groenland de *Zorg-*
*drager*. pag. 97.

Les Plies &   Je ne dirai rien de quantité d'autres
les Soles.    Poiſſons, ſur leſquels j'ai ramaſſé pluſieurs Mémoires , & qui ſont beau-
coup plus gras ici que partout ail-
leur comme entr'autres les *Plies* &
les *Soles*, qui ſont ſi graſſes ſur ces
Côtes , qu'elles rougiſſent en ſéchant & ſe gâtent du côté des arrêtes ; ce qui les met hors de commerce , & les Iſlandois ſont obligés de les conſumer eux - mêmes
dans le Pays.

Le Flaitan.   Je me contenterai d'ajouter ici
un mot du *Flaitan* ou *Flettan* ( *Hip-*
*pogloſſus* de *Rondelet* & de *Geſner* ,
en Allemand *Hilbutt* ou *Heilbutt* , en
Norwégeois *Helleflynder* ou *Queite* ,
en Anglois ſur la Côte Occidentale
*Holibut* , & ſur Côte Septentrionale
*Turbot* ou *Turbut*. ) Ce Poiſſon eſt de
la plus groſſe eſpece de Plies & ſon
aſpect a quelque choſe d'effrayant.
Ceux qu'on prend dans l'Océan Germanique ne peſent ordinairement que
120 à 130 livres ; au lieu que ceux
d'Iſlande peſent juſqu'à 400. Cet animal a en haut & en bas un double rang
de dents un peu courbées en dedans

& fort pointuës , une langue très forte & roide , au-deſſus de laquelle il y a au fond du palais deux endroits ronds hériſſés de quantité de petites dents pointuës. Ses ouïes ſont de même garnies de pointes très aiguës , & par deſſus de trois couvercles ou oreilles. Il eſt facile de concevoir , que ce Poiſſon étant ſi large & ſi plat ſans épaiſſeur proportionnée , n'a pas la même agilité que les les autres gros Poiſſons allongés, qu'il ſe retourne plus peſamment dans l'eau, & ne peut courir après les petits Poiſſons; & c'eſt ſans contredit pour cette raiſon , que la Nature luï a donné cette quantité prodigieuſe de pointes , de crochets & de dents pour arrêter ſa proye après l'avoir ſaiſie, & pour en venir plus promptement à bout: auſſi trouve t-on dans ſon eſtomac non ſeulement des Harangs & pareils petits Poiſſons , mais même des Schelfisch, des Dorſchs , & autres de la groſſe eſpece. Au reſte cette Plie énorme reſſemble tout-à-fait aux autres , tant par ſa figure extérieure & par ſes nageoires , que

par ses entrailles , & quoiqu'étant
d'une grosseur prodigieuse, elle n'a
point de vessie pour contenir l'air ;
ce qui est commun à toutes les
Plies. Ce défaut les rend toutes incapables de s'élever beaucoup dans
l'eau , & de nager bien loin, étant
obligées de vivre presque toujours
au fond de la Mer. On distingue aussi
très visiblement dans le Flaitan cette peau que la Nature a donné à tous
les Poissons mauvais nageurs de
cette espece & qu'ils mettent devant
leurs yeux comme un voile pour les
garantir contre le tranchant du sable , lorsqu'ils s'y enterrent pendant
la tempête , pour ne pas être ba-
lottés par les flots de la Mer. * La
chair du Flaitan , est d'un fort bon
goût ; mais sa graisse extraordinaire
fait qu'elle est très difficile à digérer.

  C'est de ce Poisson , qu'on prépare
dans les Pays du Nord & dans la
Basse-Saxe , une espece de manger ,

*Raf & Re-<br>ksl.*

---

* V. *Lettre de Leuwenhoek* , du 22
Juin 1704.

qu'on appelle *Raf & Rekel* ; * mais
qui ne convenant guéres qu'à des

---

* *Raf* ou *Rav* , en Islandois *Rafur*,
sont les nageoires, qu'on coupe bien
avant dans le dos avec la graisse. On
les sale un peu & les laisse ensuite
sécher au vent. *Rekel* ou *Rekling*, en
Islandois *Riklingr*, sont des bandes
longues de peau & de graisse qu'on
coupe au haut de la queue en remontant vers le dos , & qu'on sale & fait
sécher de même au vent. Le meilleur *Raf*
& *Rekel* vient de l'extrêmité de la
Norwége , comme d'Andenæs , de
Tromsen & de Finmarchie. Les Norwégeois pêchent le *Flaitan* aussitôt que
la Pêche du Cabeliau est passée. Ils se
mettent pour cet effet en mer avec
leurs grandes barques , & pêchent
pendant les nuits qui sont alors claires ; mais ils n'y restent que jusqu'à
la S. Jean : car, comme après ce temps
l'air dévient fort chaud , ce Poisson
qui est extrêmement gras ne peut plus
si bien se sécher ni se conserver. V. la
*Description de Norwége de Ramus* ,

estomacs extrêmement forts , n'est plus beaucoup en usage aujourd'hui , que la délicatesse affoiblit nos tempéramens.

Le Maque- reau.

Je finis ma Relation des petits Poissons , par le *Maquereau* ( *Scomber* de *Rondelet* & de *Bellonius*. ) Il ressemble par sa figure au Harang, sinon qu'il est plus long , ayant ordinairement 18 pouces sur ces Côtes. C'est un fort bon manger pour ceux qui aiment les Poissons fort gras, mais il répugne à d'autres. Les Islandois,qui le méprisent , ne se donnent pas la peine de le pêcher. Au reste ce Poisson est de l'espece de ceux qui font annuellement la grande route , & semblent s'offrir à la plûpart des Peuples de l'Europe. On m'a

---

écrite en Danois , pag. 252. Les François font aussi une espece de *Raf*, en coupant les nageoires de leur Flaitan qu'ils pêchent sur les bancs de Terreneuve. V. la *Description des Côtes de l'Amérique Septentrionale* de *Denys*, Tom. II. pag. 262.

affuré qu'il paffe l'hyver dans le
Nord, & que vers le Printemps il
cottoye l'Iflande, le Hitcland, l'E-
coffe & l'Irlande, en fe jettant de-là
dans l'Ocean Atlantique, où une
Colomne en paffant devant le Portugal & l'Efpagne, va fe rendre dans
la Mer Méditerranée, pendant que
l'autre rentre dans la Manche, où
elle paroît en Mai fur les Côtes de
France & d'Angleterre, en paffant
delà en Juin devant les Côtes de
Hollande & de Frife; que cette Colomne étant arrivée en Juillet fur
la Côte de Jutland, détache une Divifion, qui faifant le tour de la pointe
du Nord, fe jette dans la Mer Baltique, pendant que le refte en paffant devant la Norwége s'en retourne au Nord. Comme ce Poiffon
n'eft pas propre pour le Commerce,
& que généralement on y fait fort
peu d'attention, il m'a été impoffible de parvenir à une certitude po-
fitive à fon égard, & j'ai été obligé
de me contenter du témoignage de
deux Pêcheurs expérimentés de Hilgeland.

R iij

La *Baleine* est sans contredit la premiere parmi les grosses especes de Poissons de Mer. * La grande Baleine de Groenland, ( *Balæna vulgaris edentula, dorso non pinnato* de *Rajus,* ) autrement connuë sous le nom de *Sandhual,* est appellée par les Islandois, *Slettbakr,* & par les autres Habitans du Nord, *Slitbakker,* qui veut dire *Dos-plat* ou *Dos-uni,* parce que son dos est absolument uni sans aucune nageoire. La grosseur énorme de ce Poisson fait qu'il ne se risque guéres d'approcher des Côtes d'Islande : un instinct salutaire lui fait appréhender les bas-fonds & le retient dans les abîmes inaccessibles vers Spitzberg & sous le Pole du Nord. Une autre espece, appellée *Nord-caper,* se trouve au contraire en grande abondance & presque continuellement aux environs de cette Isle, comme je l'ai déjà remarqué ci-dessus.

---

* Je m'étends davantage sur les Baleines dans ma *Relation du Groenland.*

Cette efpece de Baleine reffemble beaucoup à celle de Groenland, tant par la figure du corps, que par les Barbes du mufeau, finon qu'elle eft beaucoup plus petite & plus mince partout. Les Iflandois tirent de grands avantages de cette Baleine, qui eft en quantité fur leurs Côtes ; ce qui eft d'autant plus heureux, que faute de bâteaux & d'inftrumens convenables, il leur feroit impoffible d'aller prendre ce Poiffon en pleine Mer.

Le *Nord-caper*, comme je l'ai dit ci-deffus, pourfuit les Harangs juf-ques dans les Golfes de cette Ifle, & les pouffe adroitement vers la Cô-te, pour en attraper un plus grand nombre à la fois. Mais il arrive fou-vent que fa trop grande avidité le fait échouer fur les bas-fonds & les bancs de fable, * fans qu'il puiffe fe remettre à flot, ** ou que du-

Maniere de la prendre.

---

* Que les Iflandois appellent dans leur Langue. *Hual-vag.* V. le *Lexicon Scythicum* de *Verelius.*

** *Olaus Magnus* rapporte la même

moins les Islandois profitant de son étourderie, le chassent eux-mêmes vers la Côte, & le font donner dans le panneau ; ce qui se fait de la maniere suivante. Aussi-tôt qu'ils s'apperçoivent qu'une pareille Baleine donne la chasse aux Harangs, ils se jettent promptement dans leurs canots, munis de harpons, lances, coûteaux & autres ustensils nécessaires, & la poursuivent par derriere à force de rames, en l'approchant autant qu'il est possible. Si le vent souffle vers la Côte, ils versent dans la Mer devant leurs canots quantité de sang, dont ils ont toujours bonne provision avec eux ; & à mesure que les flots l'emportent vers la Côte, ils le suivent en s'y approchant de plus en plus. Le Poisson se sentant poursuivi, prend sur le champ le parti de regagner la haute mer; mais en appercevant le sang il s'effraye *,

---

chose, dans son *Historia Gent. Septentr.* Liv. XXI. ch. 15.

* Quelques-uns prétendent que cette

& plutôt que de nager à travers, il s'en retourne en fuyant vers la Côte,

---

aversion pour le sang vient de ce que la Baleine s'imagine qu'il vient de sa femelle qui en jette tous les mois une quantité si prodigieuse qu'elle teint les eaux de la mer, & elle est accompagnée d'une liqueur dont la puanteur l'infecte. V. à ce sujet le *P. Feuillée* dans son *Journal des Observations Phys. &c. faites en Amérique*, Tom. I. pag. 393. D'autres sont d'avis, qu'elle regarde le sang comme venant d'une autre Baleine tuée, & que par un instinct commun à toutes les créatures, qui frémissent à l'aspect de leur déstruction, elles évitent l'endroit qui leur annonce la mort. Je ne sçaurois rien décider à cet égard ; mais je suis plus porté pour ce dernier sentiment. *Pline* a déjà fait cette remarque dans son *Hist. Nat.* Liv. X. Sect. 90. *Pisces*, dit-il, *maxime Piscium sanguinem fugiunt* ; c'est-a-dire : » Les Poissons fuyent le sang des Poissons » avec une espece d'horreur. « J'ajou-

où il échoue bientôt entre les rochers ou fur le fable. Si au contraire le vent fouffle du côté de la Terre, les Pêcheurs entourent le Poiffon par derriere comme dans le premier

---

terai un paffage très remarquable & qui me paroît digne de réfléxion pour tous ceux qui aiment les fingularités de la Nature. C'eft un fait généralement connu dans toute l'Ecoffe & que je trouve rapporté dans la *Defcription des Ifles Occidentales* de ce Royaume de *Martin*, pag. 143. *If a Quarrel happen on the Coaft*, dit-il, *where Herring is caught, and that Blood be drawn violently, then the Herring go away from the Coaft, whithout returning during that Seafon. This, they fay, has been obferved in all paft ages, as well as at prefent;* c'eft-à-dire: »Lorfqu'il arrive
» unCombat fur la Côte où l'on pêche
» du Harang, & qu'il y ait eu effufion
» de fang, le Harang fe détourne, &
» ne revient plus fur la côte pendant
» toute la faifon On prétend qu'on a
» fait cette même obfervation dans
» tous les temps. »

cas, & aussitôt qu'il veut s'en retourner en pleine Mer, ils jettent sans
cesse de leurs canots quantité de
pierres au-devant du Poisson, en
poussant de grands cris, & faisant
des bruits capables de l'épouvanter
& de le chasser vers la Côte, où il
échouë à la fin sur le sable. *

Aussi-tôt que le Poisson reste à sec,
sans pouvoir se remettre à flot, les
Pêcheurs l'entourent avec leurs canots, & le percent de coups, jusqu'à
ce qu'ayant perdu tout son sang il ne
donne plus signe de vie. Ils montent
ensuite sur son corps, dont ils coupent toute la graisse, & même une
bonne partie de la chair qui ne ré-

---

* On m'a rapporté que les Pêcheurs
des Isles de Feroë, qui ne sont pas
mieux fournis que les Islandois d'instrumens pour la pêche, sçavent se servir fort avantageusement de ces deux
mêmes artifices, que le besoin, qui nous
instruit sur bien des choses, leur a
fait sans doute imaginer.

pugne pas à leur goût, & l'emportent chez eux. *

---

* Je croirois presque que le préjugé
seul nous persuade que la chair des
Baleines n'est pas bonne à manger.
J'avouerai qu'on ne peut s'en rapporter au goût de nos Pêcheurs de Groenland, qui sont accoûtumés à manger
le Poisson rance & puant ; mais ils disent tous , que la chair d'une jeune
Baleine , tant qu'elle est fraîche , est
très bonne à manger. Celle des *Finn-
fisch* , qui en donnant la chasse au Harang échouent souvent sur les côtes
de Norwége , où qui sont pris autrement , se vend par livre , & les Paysans qui la mangent volontiers , disent
qu'elle a le goût du Bœuf. *Lucas Ja-
cobson Debes* , dans sa *Déscription des
Isles de Feroë* , pag. 160 , rapporte des
Habitans de ces Isles , qu'ils salent la
graisse de la tête de Baleine avec du
sel noir ou avec les cendres d'une
herbe de Mer appellée *Tang* séchée
& brulée , & que cette graisse étant

Les *Barbes* * de ce Poiſſon, étant De ſesBar-
petites, ne ſont pas beaucoup re- bes.

---

ſuſpenduë pendant quelque temps dans
un endroit bien ſec, prend la forme
& le goût du lard de cochon. Ils font
auſſi cuire la chair fraîche du Poiſſon,
qui reſſemble tout-à-fait au bœuf, dont
elle a même l'odorat. Ils coupent par
bandes longues & minces ce qu'ils n'en
peuvent pas conſumer ſur le champ,
& les font ſécher au vent. D'autres
ſalent quelquefois des morceaux de
queuë, qui étant fort tendineuſe a le
goût de pieds de bœuf marinés. *Kempfer*, dans ſon *Hiſtoire du Japon*, Liv.
II. ch. 2. nomme ſix ſortes de Baleines, dont les Japonnois apportent la
chair au marché avec d'autres poiſſons,
& ils marinent auſſi les inteſtins,
qu'on fait cuire ou rotir pour ceux
même qui ſe picquent de bien vivre.

* Ceci ſont les Appendices cornés
qui reſſemblent à des lames de ſabre,
& qui pendent des deux côtés de la
machoire d'enhaut de la Baleine. On
en ôte la chair & on les nettoye, &.

cherchées par les Danois, & d'ailleurs les Islandois, faute d'instrumens convenables, ne font guéres
en état de les bien ôter du Poisson ;
ce qui fait qu'on les rend à la Mer
avec le reste de la Charogne. *

*De sa Grais-*
*se, & du*
*Thran.*   On met la *Graisse* dans des tonneaux, où on la laisse fondre peu à
peu pendant trois mois. L'huile qui
pendant ce temps en dégoute d'elle-même, est la meilleure & la plus
fine. On l'ôte de dessus la graisse
avant de la faire bouillir, & on la
vend ainsi aux Danois qui la trafiquent ailleurs.

Le mot de *Thran*, ** est le terme

---

après les avoir fendus on en prépare les
bâtons ou lames minces pour l'usage
des femmes.

* Les Hollandois disent *Karonie* &
les Allemands *Kreng.* Ces mots viennent vraisemblablement du Grec Χά-
ρϐγεια.

* Ce mot signifie l'huile de Poisson
sortie par distillation. Il ●●nt origi-

propre de tous les Peuples du Nord,
pour signifier huile de Baleine : celle

---

nairement des Russiens Septentrionaux, qui ont les premiers distribué
cette huile dans l'Europe, où l'on en
a conservé le même nom ; ce qui s'accorde parfaitement avec le Passage de
*Clement Adam*, qui dit dans sa *Navi-*
*gatio Anglorum ad Moscovitas, in Repu-*
*blica Moscov.* pag. 36. *Mittunt Aquilo-*
*nares Russi oleum à Barbaris* Train *di-*
*ctum, quod in flumine Una dicto confi-*
*ciunt ;* c'est-à-dire : »Les Russiens Sep-
»tentrionaux trafiquent une huile, que
»les Barbares appellent *Train,* & qu'on
» prépare sur le fleuve Una. » *Olaus*
*Magnus* dit aussi, dans son *Hist. Sept.*
Liv. II. chap. 17. *Quam pinguedinem*
*( marinarum belluarum ) vulgari eorum*
Trann, *aut* Lyse, *à lucendo vocant,*
*quia lampadibus immissa clarissime lu-*
*cet ;* c'est-à-dire : » Cette graisse des
» gros Poissons de mer est appellée par-
» mi eux *Traan* ou *Lyse* du mot *lucere,*
» ou luire, parce qu'elle jette beau-
» coup de clarté dans les lampes. » Le

qu'on tire de la graiſſe non bouillie,
eſt appellée *Thran clair*, & l'autre

---

mot *Thran* ſignifie proprement parmi
les Nations du Nord un Fluide aqueux
ou huileux qui dégoutte. C'eſt ainſi que
le mot Saxon *Traan* ou *Trane*, le
Hollandois *Traane*, l'Allemand *Thræ-
ne* dénote (1) une larme qui coule des
giandes lacrymales ; (2) une larme ou
goutte de gomme ou de réſine qui ſuinte
de l'arbre. (V. l'*Ethymologicum* de *Kilian*) ; (3) une goutte d'huile qui diſtille
d'un morceau de Poiſſon coupé. De même le mot Saxon *Taar*, l'Allemand *Zæhre*,
le Danois *Taar* ou *Taarn*, l'Iſlandois
*Tar*, l'Angle-Saxon *Tear* ſignifie *Lacryma*, larme, goutte d'eau ou d'huile, &
l'Angle-Saxon *Tero*, *Tar*, *Tare* & *Teor*,
l'Allemand *Teer*, *Theer*, le Gothique
*Thior*, le Suedois *Tiære* dénote *pix
liquida*, poix liquide, goudron, &c.
Le mot Latin *Butyrum*, d'où vient
le François *Beurre*, en Allemand *Butter*, par lequel nous dénotons cette
ſubſtance huileuſe qu'on exprime du
lait de vache, a la même éthymologie
qui

qui vient de la graisse bouillie, est
nommée *Thran brun.*

---

*Butyrum* ou *Butter* vient de *Bu* &
*Tere.* L'ancien mot Gothique *Bû*, signifie *Bos*, *Vacca* βῦς &c. Bœuf,
Vache, & *Tere* veut dire huile expri-
mée. Les Latins & les Grecs disent *Butyrum*, βύτυρον ; mais pour rendre
raison de l'éthymologie de ces mots il
faut en venir à l'Harmonie des Langues que je viens de rapporter. Je dois
encore remarquer que le mot *Thran*
peut venir originairement de l'Orient :
car comme on confond souvent en
Europe le T & le Z, il en arrive autant en Asie aux lettres צ & ע, selon
la différence des Dialectes. Ainsi צְרִי,
צֳרִי & עֳרִי signifient une résine qui
distille d'un arbre, soit par la pression
naturelle, soit par une ouverture qu'on
y fait artificiellement, & particulierement la Thérébentine. V. l'*Hierophy-
ticum* de *Hillerus*, Liv. I. ch. 45. Le
mot Arabe *Tzara* signifie *fluxit*, *ma-
navit*, ce qui s'écoule. *Tzirwa* & *Dsa-
ru* dénotent *lacryma arboris*, une larme d'arbre, la résine, &c.

*Tome I.* S

Il faut encore remarquer que le *Thran* le plus excellent, si on le laisse pur, est celui qui dégoutte des Foyes des Cabeliaux, des Chiens Marins & d'autres Poissons. C'est pour cet effet que les Islandois ont grand soin d'amasser tous ces foyes dans des tonneaux, où ils les laissent fondre pendant environ six semaines. Ils ôtent au bout de ce temps tout le *Thran*, qui en a distillé de lui-même, & le mêlent sans le faire bouillir parmi le *Thran clair* de Baleines, pour le rendre meilleur. Ils font ensuite bouillir le reste, qu'ils ajoutent au *Thran brun*, & trafiquent l'un & l'autre aux Marchands Danois. *

---

* Les Norwégeois en font aussi beaucoup du foye de *Dorsch* & de Cabeliau, lorsqu'ils fendent ce Poisson pour en faire du *Stocfisch*. Ils exposent les foyes au grand air & en laissent dégoutter la graisse. Les François les imitent à cet égard sur les bancs de Terreneuve, où ils tirent aussi du

Le *Marsouin*, * est un Poisson fort connu dans la Mer du Nord. Il est de l'espece des Baleines, ayant environ 5 à 8 pieds de long. Je me crois dispensé d'en donner la description qu'on trouve dans différens Ouvrages. ** On n'a pas sçu me dire,



---

*Thran* des foyes de leur Moluë. V. *Denys à l'endroit cité*, ch. I. Tom. II. pag. 104. La maniere de les presser, usitée sur ces Côtes parmi les Anglois & les François, est figurée dans la *Planche 2*.

* En Islandois *Suinhual* ou *Suinhual-lur*, ou *Witinger*, ou Norwégeois Marsuen ou Niser, en Danois *Bruus-kop* à cause de sa grosse tête ronde, ou *Sprinhual*, ou *Springer*, qui signifie Sauteur, parce qu'il s'élance ordinairement hors de l'eau à l'approche d'une tempête, en Anglois *Porpesse* ou *Porpus*, en Ecossois *Sea-porc*. C'est la *Phocaena* de *Rondelet*, le *Thursio* de *Bellonius*, le *Delphinus Septentrionalium* de *Schoeneveld*.

** V. les *Ephemerides Nat. Curios*. Dec. I. ann. 3. pag. 22. *L'Abbrégé des Transactions Philosophiques de Low-*

s'il y a plus d'une ſorte de ce **Poiſſon** ſur les Côtes de cette Iſle ; ce qui pourtant me paroît vraiſemblable, attendu qu'il y en a de deux eſpeces dans l'Amérique Septentrionale. * La chair de ce Poiſſon ſe peut manger, & les Ecoſſois des Iſles Occidentales ** en font preſque leur nourriture ordinaire. Ils prétendent même que ſa chaire eſt ſalutaire & très nourriſſante. Les François qui demeurent ſur Terre-neuve, en font

----

*thorp* Vol. II. pag. 839. & le *Supplem. I. Annal. Wratiſlaw.* Art. XI.

* L'une, qui eſt la plus groſſe, eſt tout-à-fait blanche. Elle eſt de la groſſeur d'une vache & ſe nourrit de toute ſorte de poiſſons, mais préférablement de Maqueraux, de Harangs & de Sardines. L'autre eſt appellée *Pourſille*, & ſe trouve dans toutes les Mers, où elle voyage par troupes & elle eſt bonne à manger. V. *Denys, à l'endroit cité*, Tom. II. pag. 258.

** V. *Martin* dans ſa *Deſcription de ſes Iſles*, pag. 269.

des Andouilles. * Cependant on
prend ici ce Poiſſon principalement
à cauſe de ſa graiſſe, quoiqu'il n'en
ait pas beaucoup, pour ſuppléer autant qu'il eſt poſſible. au défaut du
*Thran*, qui depuis la décadence de
la pêche de Groenland eſt devenu
rare & par conſéquent fort cher. Au
reſte ce Poiſſon eſt très difficile à
prendre à cauſe de l'agilité extrême
avec laquelle il nage & ſaute dans
l'eau. On ne l'attrape guéres, à moins
qu'il n'y donne occaſion lui-même
par une gourmandiſe étourdie, qui le
pouſſe ſouvent à pourſuivre les Harangs juſques ſur la Côte, ** enſorte

---

* V. *Denys*, à l'endroit cité.
** *Arend Berendſen Berg*, dans ſon
Ouvrage ſingulier, intitulé en Danois;
*Excellence du Danemarc & de Norwé-*
*ge*, pag. 298. fait une jolie remarque
à ce ſujet. » Il arrive ſouvent, dit-il,
» comme nous l'avons vu en 1625, que
» lorſque les jeunes Baleines donnent
» la chaſſe aux Harangs, ceux-ci ſe ſau-
» vent dans les Bayes & embouchu-

que les pauvres Islandois ne tire-
roient certainement pas grand avan-

―――――――――――――――

» res des Fleuves. Aussitôt que les Pay-
» sans apperçoivent qu'ils y sont entrés
» ils leurs coupent le retour en ten-
» dant leurs filets, & non seulement
» ils prennent une grande quantité de
» Harangs, mais aussi en même temps
» quelques jeunes Marsouins qui é-
» chouent sur la côte. On en prit dans
» ladite année 17 ou 18 à environ
» deux lieuës au delà de Bergen, où
» ils resterent à sec sur le sable. « Je
joindrai à ceci une autre remarque tirée du *Voyage de la Terre Sainte* de
*Chrétien Eyrer de Haimendorf*, pag.
249. » Les petits garçons, dit-il, se
» tiennent sur le bord de la mer
» avec leurs filets à la main, qu'ils
» jettent dans l'eau, lorsque les Dau-
» phins chassent les Poissons devant
» eux vers la côte, & ils en prennent
» souvent des quantités assez considé-
» rables. C'est un spectacle des plus
» amusans : car le Dauphin les aide,
» pour ainsi dire, à pêcher pendant

tage de ce Poisson, sans une circonstance aussi singuliere que favorable.
Le Marsouin devient aveugle tous
les ans dans le mois de Juin par
une petite membrane qui vient se
mettre devant ses yeux : aussi ne
manquent-ils pas d'en profiter dans
cette saison, & ils en chassent souvent jusqu'à trois cens à la fois vers
la Côte, que ces Poissons aveugles
ne sçauroient plus éviter, & où il est
aisé de les prendre.

Le *Requin*, ( *Canis marinus*, *Ga-*
*lea* ) est assez fréquent sur les Côtes
de l'Islande ; mais on n'en prend que
la plus grande espece, * pour en tirer

Le Requin.

» qu'il en prend aussi de son côté. Il
» n'y a point de Poisson dans la mer
» qui avale tant de petits Poissons que
» le Dauphin, & c'est pour cette rai-
» son qu'on l'appelle *Cacciatore del*
» *Mare* ou Chasseur de la Mer. Ce
» Poisson s'approche de fort près de la
» terre.«

* En Latin *Canis Carcharias*, *La-*
*mia*, *Tiburonus*, en Islandois *Haac-*

la graiſſe & le foye. La graiſſe de ce
Poiſſon a la qualité ſinguliere de ſe

---

kal , de *Hacka* , qui veut dire dévo-
rer avec avidité & à coups de dents
comme les chiens , ( *avide & ictibus
more canino vorare.* ) V. le *Lexicon*
de *Gudman André* ; en Danois *Haa-
fisk* ou *Hawkall* , en Anglois , *The
White Shark.* Nous liſons dans la *Deſcription des Iſles Occidentales de l'E-
coſſe de Martin* , pag. 385. que les
Pêcheurs de ces Côtes appellent les
gros Poiſſons de cette eſpece. *Seths* &
les petits *Sillucks.* On trouve une Deſcription des gros dans le *Voyage de
Spitzberg de Martens* , qui ajoute chap.
3. n. 8. qu'ils parviennent juſqu'à deux
ou trois braſſes de long. Mais on trouvera la meilleure Deſcription & en
même temps l'Anatomie dans le *Journal des Obſervations Phyſ. du P.Feuil-
lée* , Vol. I. pag. 171. & dans la *Continuation* , pag. 109. C'eſt vraiſemblablement ce même Poiſſon ou peut-
être un autre plus petit que les Norwégeois appellent *Hoakaring* ou *Haa-
conſerver*

conſerver long-temps , & de durcir en ſe ſéchant comme le lard de cochon : auſſi les Iſlandois s'en ſervent à la place du lard , & le mangent avec leur Stocfiſch ; mais ordinairement on le fait bouillir pour en tirer de l'huile. Le foye de ce Poiſſon eſt d'une groſſeur ſi énorme , qu'un ſeul ſuffit pour remplir un petit ton-

---

*kierling.* V. la *Topographie de Norwége* , pag. 115. & la *Deſcription de Norwége de Jean Ranius* , pag. 252. Il mord le mieux à l'hameçon pendant la nuit : c'eſt pourquoi on le prend vers Noël , lorſque les nuits ſont les plus longues. On attache l'amorce avec l'hameçon à une chaine qui a 2 aunes de long , pour empêcher qu'il ne coupe la ligne avec ſes dents. Ce Poiſſon a un foye énorme , dont un ſeul donne 12 livres de *Thran* ou huile. Son Ovaire eſt auſſi fort grand , & les Norwégeois en font de bonnes Omelettes , qu'ils appellent *Haakage.* V. le *Muſeum Regium.* P. I. Seĉt. III. n. 6.

Tome I.          T

neau de plusieurs pintes. * On coupe
aussi la chair du bas-ventre de ce
Poisson en tranches fort minces,
qu'on laisse sécher en les tenant sus-
penduës pendant un an & davantage,
jusqu'à ce que toute la graisse en soit
dégoutée ; & un fameux Négociant
de Copenhague , qui avoit fait plusieurs fois le voyage d'Islande , m'a
assuré , que ces tranches étant pré-
parées d'une certaine façon , ont
presque le goût du palais de bœuf,
accommodé de même.

Épée de
mer.

On voit aussi assez souvent sur les
Côtes d'Islande le Poisson appellé

---

* *Martin* , à *l'endroit cité* , remarque , qu'un seul foye d'un gros Requin donne une pinte d'Ecosse d'huile ; ce qui en fait quatre, mesure d'Angleterre. On fait bouillir le foye dans
un pot à moitié rempli d'eau & à mesure qu'il bout , on en ôte successivement l'huile qui surnage & on la serre
dans des tonneaux. V. d'autres façons
de tirer cette huile dans la *note* de
pag. 101.

*Espadon* ou *Epée*, ou plutôt *Scie de Mer*, ou *Hairon Marin*, qui porte au-devant de la tête, & au-deſſous du bec, une eſpece d'épée fort lon-gue & dentelée des deux côtés com-me un peigne double *. Un gros Né-gociant qui a demeuré pendant plu-ſieurs années à Weſtmann-œ, m'a aſſuré, que dans cette Mer il y a une autre eſpece de Poiſſon, que les Ma-rins y appellent auſſi *Epée de Mer*, & qui porte ſur l'extrêmité du dos une eſpece d'épée ou ſabre cour-bé ; mais qui reſſemble plutôt à un pal ou pieu courbé, & qui eſt couvert de chair & de peau comme une nageoire ordinaire. Je parlerai de ce Poiſſon dans ma *Relation du Groenland.*

---

* En Latin *Priſtis* ou *Serra Piſcis*, en Anglois *the Sawfish*. V. *Willough-by* dans ſon *Hiſt. Piſcium*, Liv. III. ch. 14. V. auſſi ſur ſes combats avec la Baleine le *Voyage de Spitzberg de Mar-tens*, chap. 6. n. 7. & *Denys*, à l'en-droit cité, Tom. II. pag. 268.

Au reste, il est étonnant de voir l'effet que l'aspect d'un pareil Poisson fait sur les Baleines, qui malgré la grosseur prodigieuse de leur masse, tremblent & s'agitent en sautant d'une façon extraordinaire, aussitôt qu'elles l'apperçoivent de loin, & se sauvent avec précipitation du côté opposé. Les Chiens de Mer craignent aussi beaucoup ce même Poisson, & pour l'éviter, ils se jettent souvent sur la Côte parmi les Pêcheurs. J'expliquerai ci-dessous la cause de cet effet singulier.

Taureaux & Vaches de Mer.
J'ajouterai ce qui m'a été rapporté des *Taureaux* & des *Vaches de Mer* * par deux personnes dignes de foi, qui m'ont assuré d'après la

------

* Les Paysans Danois les appellent Bestiaux de la Côte ( *Strandquæg* ) & l'on peut consulter à ce sujet la Relation de *Jacobæus* dans le *Muſeum Regium Dan. L. I. Sect.* 3. n. 49. qui a été tirée des *Acta Med. Philoſ. Haffnienſia.*

Voix unanime des Iflandois, que ces animaux reffemblent par la tête aux bœufs, & par le refte du corps & les pattes aux Chiens de Mer; & que leur mugiffement affreux rend fouvent les Vaches de terre furieufes, & les fait courir avec précipitation vers l'endroit dont vient le bruit.

Quant aux *Chiens de Mer*, j'aurai occafion d'en parler dans ma *Rela-* *tion du Détroit de Davis.*

Chiens de Mer.

Je n'ai prefque rien à dire des Poiffons d'eau douce, qui font peu confidérables dans cette Ifle.

Proche de Holm, dans l'Ellera, près de Kleppee, & dans d'autres Golfes profonds, où fe déchargent des ruiffeaux ou de petites rivieres, qui tombent avec impétuofité des montagnes & des rochers, on trouve des *Saumons* qui nagent contre les plus fortes cafcades, & qui s'y élancent fouvent jufqu'à des hauteurs prodigieufes. Les Iflandois ont l'adreffe d'en prendre quantité par le moyen d'une efpece de coffre fait de treillage ferré, qu'ils dreffent directement dans la route du Poiffon,

Saumons.

& qui , sans l'empêcher de monter dans l'eau , l'arrête lorsqu'il veut descendre à la Mer. Dans le temps que le Saumon est le plus gras , on tend dans la riviere des filets ordinaires , qui s'étendent d'un rivage à l'autre , & avec lesquels on va des deux côtés en remontant l'eau , & en poussant toujours en avant les Saumons , qui sentant qu'ils ne peuvent plus reculer , s'élancent à droite & à gauche sur les rivages , où ils sont aussitôt pris par les Paysans qui les y attendent ; & c'est ainsi qu'on en prend souvent jusqu'à deux cens à la fois.

Point de Serpents. On n'a jamais vu de *Serpens* dans cette Isle , ce que cependant on ne doit pas attribuer à une proprieté particuliere du Pays ; mais plutôt à sa situation éloignée du Continent , qui empêche les Serpens d'y venir. D'ailleurs la rigueur du Climat n'est guéres convenable à ces animaux délicats , qui, comme tout le monde sçait , ne peuvent pas résister au froid.

Peu d'Insectes. C'est ce même froid terrible & durable , joint au défaut d'arbres &

d'arbriſſeaux, qui eſt cauſe qu'on n'y voit guéres d'*Inſectes*. On n'a ſçû me nommer que les *Araignées domeſti-ques* , qui trouvent quelqu'aſile con-tre le froid dans les maiſons des ha-bitans , & les *Frelons* ou *Taons* , ( *Oeſtrum* , *Aſilus* , ) qui en cherchent même juſques dans les narines & dans le trou de l'*Anus* des animaux, où ils pondent leurs œufs pour faire éclore leurs petits par la chaleur na-turelle *. Chaque fois qu'il pleut dans l'Iſle , on voit la campagne couverte de *Vers de terre* , ( *Lumbrici terreſtres* ) qui ſortent de leur terrain aride, pour ſe faire arroſer par l'eau céleſte. Les habitans du Pays croyent qu'ils

---

* Cette nouvelle façon de faire ſes petits , uſitée par cette Mouche & par d'autres ſemblables , a été expliquée , avec toutes les transformations qui l'accompagnent , par *Valliſnieri* , dans ſes *Eſper. e Oſſerv. intorno all' Origin. de var. Inſect.* pag. 96 , dans ſon *Rac-colt. di var. Tratt.* pag. 3 , & dans ſon *Ragion. int. all' Eſtro de' Buoi* , &c.

T iiij

tombent des nuës avec la pluye.

Et de Sou-ris.    Les *Souris* font rares dans cette Ifle. Le froid pénétrant, & le défaut de nourriture leur ôte les moïens de fubfifter dans la croûte mince de terre qui couvre les rochers, & qui outre cela eft remplie de foufre. Le Cimetiere de l'ancien Couvent de Widœ a cette propriété finguliere, que lorfqu'on y met des Souris, el-les meurent fur le champ. La perfon-ne dont je tiens ce fait, l'a effayé plufieurs fois elle-même, & l'a tou-jours trouvé conforme à la vérité. Je crois, que fans avoir recours aux raifons de fuperftition, on peut trou-ver la caufe de cet effet extraordi-naire dans les exhalaifons fulphu-reufes qui font ici plus fortes & plus abondantes, que dans d'autres en-droits. * Nous fçavons par ce qui a

---

* Ce raifonnement fe trouve con-firmé par le fameux Phénomène de la grotte des Chiens de Pouffol, où les exhalaifons fulphureufes, qui s'élévent environ à la hauteur d'un pied, font çe

été dit ci-deſſus, que le ſoufre eſt
répandu viſiblement preſque partout
ſous la ſuperficie de l'Iſle ; & il y a
apparence, que dans ce Cimetiere
il s'en trouve une plus grande quantité qu'ailleurs, comme il ſeroit aiſé
à un Naturaliſte de s'en aſſurer, ſoit
en y portant la flamme, ſi cela pouvoit ſe faire ſans danger, ſoit par
l'odeur, & en creuſant la terre. Mon
Commiſſionnaire avoit apporté avec
lui à Copenhague pluſieurs paquets

---

même effet ſur un Chien ou autre Animal qu'on preſſe contre terre. V. *Ray*
dans ſes *Obſervations faites dans ſon*
*Voyage d'Italie &c.* pag. 275. Ce même Phénomène a été obſervé par le
D. *Pechlin* dans une cave proche la
ſource fumante de Schwalbag. V. ſes
*Obſervat. Phyſ. Medic.* pag. 44. Le
Comte *Marſigli* a trouvé la même
choſe près d'Altſohl en Hongrie, & il
a fait des expériences avec des exhalaiſons artificielles, qui ont produit
le même effet. V. ſon *Danubius Pan-*
*nonico-Myſicus.* Tom. I. pag. 94.

de cette terre , & l'on a fait différens essais sur les Souris , mais sans réüssite ; ce qui prouve évidemment , que ce n'est qu'aux exhalaisons sulphureuses , & nullement à la terre du Cimetiere qu'on doit attribuer la cause de ce Phénomène.

Apparences du Soleil.    Au Nord de l'Isle on voit continuellement le *Soleil* depuis la mi-Juin jusqu'à la fin de Juillet , & la marge inférieure de son disque paroît élevée de plus de la hauteur d'un homme au-dessus de la surface de la Mer. Il paroît vers minuit un peu plus grand qu'à l'ordinaire , tirant vers le rouge , comme quand il se couche chez nous; mais sa lumiere est aussi forte qu'en plein jour. On ne le voit au contraire point du tout dans les mois de Décembre & Janvier; & l'on n'apperçoit qu'une petite lueur du haut des montagnes , qui sans doute est causée par la réfraction des rayons , & donne un espece de jour qui dure une heure & demie , ou tout au plus sept quarts-d'heure. Il faut encore remarquer , que l'accroissement & le décroissement de la lumiere fe font ici fort fubitement , & pour le moins de la moitié plus vîte que dans nos Pays.

Ces Peuples jouiffent dans les lon-Aurores
gues nuits d'un bienfait fingulier Boréales.
de la Nature. C'eft l'*Aurore Boréale* , dont le fiége principal eft dans le Nord ; mais qui depuis quelque temps devient de plus en plus fré-quente chez nous , & même dans des pays plus éloignés du Pole. Cette lumiere étonnante paroît d'abord auffi-tôt que les jours commencent à diminuer , & fon luftre aug-mente de plus en plus à mefure qu'ils deviennent plus courts. Elle brille pendant tout l'hyver , & ne diminue que quand les jours aug-mentent , qu'elle fe perd à la fin tout-à-fait. Toutes les fois que le Ciel eft ferein & bien étoilé , on voit d'abord cette lumiere fuccéder au Crépufcule. Elle fautille continuelle-ment & jette pendant toute la nuit une clarté qui égale & furpaffe fou-vent le plus beau clair de Lune. Elle s'éléve toujours au Nord-Oueft , & s'élance vers le Sud en rempliffant

souvent tout l'Hémisphére. Quelque temps qu'il puisse avoir fait pendant la journée, l'Aurore Boréale ne manque jamais de paroître à la chute du jour, pourvu que l'air soit serein & calme. Sa lumiere est ordinairement d'un jaune blanchâtre.

*Si on peut deviner par-là les temps.* — Ce Phénomène étant fréquent on conçoit aisément qu'on n'en sçauroît tirer aucune indication sure pour le changement du temps : du moins, pour acquérir quelque certitude à cet égard, il nous faudroit quantité d'Observations continuées pendant plusieurs années, non seulement sur cette lumiere même, mais généralement sur l'état de l'air, & pour y parvenir, il faudroit employer les Barométres, Thermométres &c. dont les Physiciéns font usage ; mais malheureusement les habitans de ces Contrées ignorent la façon de s'en servir. Quoiqu'il en soit on s'avise en Islande de prédire le temps par les Aurores Boréales, & l'on prétend que sa lumiere étant pâle & jaune annonce de la sécheresse & de la gelée, & qu'étant rouge elle signifie de la pluye & du vent. Ce que, suivant ce qu'on m'a dit, ils regardent comme certain, c'est que toutes les fois que cette lumiere est extraordinairement vive, & qu'elle sautille beaucoup, on doit s'attendre à une violente tempête ou à un froid terrible. *

Il m'a toujours paru fort extraordinaire, que les plus anciens Islandois, à ce qu'on m'a assuré, s'étonnent eux-mêmes des *Apparitions fré-* Elles sont plus fréquentes qu'autrefois.

---

* Je trouve une Observation remarquable à ce sujet dans les *Transactions Philosophiques*, N°. 399, où il est dit, que les Aurores Boréales sont plus fréquentes dans la Partie Septentrionale de l'Angleterre que dans les autres, & qu'on les y appelle *Streamers* ( flammes ou banderoles) *Merry-Dancers Petty-Dancers* ( Jolis ou Petits Danseurs ). On ajoute que les Habitans font par-là des prédictions sur le temps, prétendant que leur lumiere verdâtre annonce un temps orageux & humide, & la jaune un temps clair & sec.

quentes des *Aurores Boréales*, difant
qu'autrefois on les voyoit dans leur
Ifle beaucoup plus rarement qu'aujourd'hui. Je fuis d'autant plus porté
à les croire, qu'il eft certain, que
dans d'autres Pays de l'Europe ce
Phénomène n'étoit pas à beaucoup
près fi commun autrefois, qu'il l'a
été dans ces derniers temps. Il y
avoit déjà vers la fin du fiécle paffé
des Académies des Sciences établies
en France & en Angleterre, & jamais
on n'a fait de plus grandes recherches fur les accidens du Ciel : cependant nous ne trouvons pas que les
Sçavans de ce temps ayent parlé de
ces fortes de Phénomènes. Au refte je
ferois charmé, que les circonftances,
que je rapporte ici, étant compa-
rées avec ce que nous avons déjà
d'imprimé fur cette matiere, puf-
fent contribuer en quelque façon à
pénétrer plus avant dans les myftéres
de cette lumiere finguliere. *

---

* C'eft vraifemblablement de l'*Académie des Sciences de Petersbourg* que

Quant à l'Origine des Aurores Bo-  
réales, nous voyons, à ce qu'il me  
paroît, d'une maniere inconteſta-  
ble, qu'elles ne peuvent naître que  
des inflammations ſubites de quan-  
tité d'exhalaiſons ſulphureuſes, qui  
doivent être fort élevées dans l'air,  
puiſqu'on les voit à des diſtances  
ſi conſidérables. Or il eſt certain,  
que la matiere de ces exhalaiſons  
ne manque pas dans le Nord, com-  
me il paroît clairement par ce que  
j'ai rapporté à ce ſujet de l'*Is-*  
lande & de l'Iſle de Jean - Mayen.  
La quantité de Volcans, les in-  
cendies terreſtres, les ſources chau-  
des, &c. ſont autant de témoins ir-  
reprochables des fermentations qui  
ſe font dans les entrailles de la terre

nous aurons par la ſuite du temps les  
Obſervations les plus fréquentes & les  
plus exactes ſur les Aurores Boréales,  
& peut être une explication préciſe  
de leurs cauſes. Nous en avons déjà  
vu un bel Eſſai de la part de M. *Meyer*  
dans le Tom. I. des *Commentaires* de  
cette Académie.

de ces Pays ; & il eſt évident par-là
même , qu'il doit s'en élever perpé-
tuellement des quantités prodigieuſes d'exhalaiſons ſulphureuſes. Dans
les Climats chauds ces ſortes d'écoulemens s'enflamment d'abord proche
la ſurface de la terre , ou un peu au-
delà , & ſe déchargent en forme
d'éclairs & de foudre ; mais il n'en
eſt pas de même du côté du Pole,
où le froid extrême qui enveloppe
la terre , les tient , pour ainſi dire ,
engourdies , & par conſequent il
faut un temps plus conſidérable aux
matieres inflammables pour ſe raſ-
ſembler au point d'éclater. Ce n'eſt
donc ici qu'au haut de l'Atmoſphére
où il peut s'en amaſſer ſucceſſive-
ment une quantité ſuffiſante , qui
étant comprimée & condenſée par
le froid humide s'enflamme à la fin
& brûle pendant quelque temps
comme nos feux d'artifice , en élançant des rayons de lumiere vers le
côté oppoſé.

Orages
plus forts
en hyver,
qu'en été.

　　C'eſt par cette même raiſon , à ce
que je crois , qu'en Eté on ne voit
point , ou que très-peu d'*Orages* , &
qu'au-

qu'au contraire ils ſont très-fréquens & ſouvent terribles en hyver.

J'attribue encore à cette même cauſe la quantité prodigieuſe de *Feux-follets*, qu'on obſerve dans cette Iſle préciſément dans le temps qu'il neige. Il eſt certain que la matiere de ces petites flammes ne ſçauroit manquer dans une Iſle, où l'on travaille les Poiſſons de Mer & l'huile qui en provient. Elles s'attachent par-tout aux bâtons, aux cloux de fer, aux mâts & aux cordages des Vaiſſeaux, aux chapeaux & bonnets des hommes, &c. Les Iſlandois qui ſont auſſi poltrons que ſimples, en ont des peurs terribles, & quoique l'expérience leur ait appris que ce feu ne ſe communique pas, ils s'enfuyent auſſi-tôt qu'ils en apperçoivent, & s'enferment en tremblant dans leurs maiſons, dans la crainte où ils ſont, qu'un de ces Feux-follets ne ſoit attiré par celui de leur foyer, & ne réduiſe tout en cendres.

On voit ſouvent ici ſur la fin de l'Eté des *Anneaux* autour du Soleil, & des *Parrhélies*, qui, comme on

*Quantité de Feux follets.*

*Parrhélies.*

*Tome I.* V

l'obferve généralement, font toujours fuivis de groffes tempêtes. Ces
apparitions ne doivent pas paroître
extraordinaires dans cette Ifle, attendu que toute fa conftitution eft
très-difpofée à en produire : foit que
pour leur formation on fuppofe
dans les nuës une grêle cylindrique,
felon les fyftêmes de M. *Huygens* &
*Wolffius*, ou d'autres particules glaciales unies, felon d'autres.

Ni Prin-
temps, ni
Automne.
Les Iflandois n'ont, à proprement
parler, que *deux Saifons*, qui font
l'Eté & l'Hyver. Elles continuent fans
interruption, & fe fuccédent fort
fubitement, fans qu'on s'y apperçoive
du Printemps ni de l'Automne, qui
dans les autres Climats font intermé-
diaires entre l'hyver & l'été. Le premier eft beaucoup plus long que l'autre, pendant lequel même il neige
& grêle affez fouvent. Il y a des jours
d'été fi chauds, qu'on eft obligé de
fe dépouiller de tous les habits ; mais
ils font ordinairement fuivis de nuits
fi froides, qu'on ne fçauroit affez fe
couvrir ; & quand on fe leve le matin, on trouve tout couvert de neige.

Celle-ci est fort abondante en hyver, & il en tombe le plus avec les Vents d'Est, qui mettent souvent la campagne au niveau des maisons.

Le *Froid excessif*, à ce qu'on m'a assuré, ne se fait sentir qu'en Avril, peut-être parce que le Soleil a été alors le plus long-temps éloigné de l'Isle ; & qu'en ce temps, les Vents du Nord soufflants avec plus de constance, amenent du fond du Pole beaucoup de particules glaciales, & par conséquent infiniment plus sensibles que dans d'autres temps. *

Lorsqu'on fait attention à la situation de l'Islande, on conçoit aisément qu'elle doit être fort exposée à toutes sortes de *Vents*, qui même doivent être irréguliers & inconstans. Ils sont souvent excessifs, & élevent les flots de la Mer à des hauteurs incroyables. Les Vents de Nord-Ouest y amenent le beau temps, du moins sur la Côte Méridionale. Ceux de

* V. le *Supplem. des Annales de Breslau*, pag. 71.

V ij

Sud - Ouest sont accompagnés de pluïes ; mais ceux de Sud - Sud - Est forment les plus grandes tempêtes.

*Flux & Reflux.*    Le *Flux & Reflux* de la Mer y vient réguliérement deux fois dans les 24 heures, & suit, comme partout ailleurs, les Phases de la Lune. On m'a même assuré, que les marées sont si réglées & si fortes, que nonobstant la violence du Vent on ne s'apperçoit presque jamais d'aucune variation ni accélération considérable. Le Flux vient de l'Est, & le Reflux de l'Ouest. Les marées montent ordinairement à 12 pieds.

*Eau de la Mer.*    L'*Eau de la Mer*, à ce qu'on m'a assuré, est beaucoup plus salée du côté de l'Islande, qu'elle ne l'est plus bas dans l'Océan Germanique. Ceci peut venir de ce que la Mer exhale beaucoup de vapeurs dans les fortes gelées * ; & qu'une partie considérable de l'eau non salée de la surface

---

* V. la *Physique* de M. *Wolffius* §. 250. & les *Expériences de Physique* de *Thümmig*, P. I. ch. 1. §. 4.

s'amaffe & fe congele fur les glaçons immenfes qui flottent dans ces M rs, fans parler d'une grande quantité de ces mêmes eaux , qui fe diffipent continuellement à caufe de leur le-géreté , par les Vents fecs & violens qui les emportent ; enforte qu'il n'eft pas étonnant , que l'eau qui refte fe trouve beaucoup plus falée , à caufe des particules pefantes & fa-lines qui s'y perpétuent touiours. On obferve la même chofe fous la Zone Torride, où l'eau de la Mer eft auffi beaucoup plus falée * que fous les Tempérées , parce que le Soleil

---

* J'adopte ici le fentiment des Phi-lofophes Anglois, qui me paroît fort probable. V. l'*Abbrégé des Tranfac-tions Philofophiques* de *Lowthorp* , Vol. II. & les *Voyages de Mofcovie* de *De Bruin* , pag. 401. quoique le P. *Feuillée* prétende avoir expéri-menté le contraire avec fa Balance hy-droftatique. V. fon *Journal des Obfer-vat. faites en Amérique* , Pag. 177. & 190.

en dardant ses raïons perpendiculai-
rement sur la surface de la Mer, y
cause une évaporation continuelle,
& même plus forte des particules legeres & non salées de l'eau. Cette fi-
sure extraordinaire de la Mer d'Islande ne laisse pas d'avoir son utilité particuliere ; car c'est elle qui,
jointe à l'agitation continuelle des
flots causée par les Vents violens
& par les fortes marées, empêche
la glace de devenir aussi épaisse sur
la Côte Méridionale & Occidentale,
& même de durer aussi long-temps
que sur les autres Côtes, & plus haut
vers le Nord. Cet avantage fait que
les pauvres habitans de cette Isle,
qui ne vivent presqu'uniquement
que de la pêche, se trouvent déjà
en état dans le mois de Janvier de
commencer leurs pénibles travaux,
afin d'avoir le temps de préparer &
sécher le Poisson vers les mois plus
chauds, qui d'ailleurs sont moins
convenables pour la pêche.

Climat de
l'Isle, &
constitu-
Le *Climat* de cette Isle est fort sain
pour ceux qui y sont nés. Les gens
du Pays sont élevés fort sobrement, &

s'accoûtument dès la tendre jeunesse
à une vie dure & laborieuse ; ce qui
leur donne des tempéramens fort
vigoureux, & les rend capables de
supporter toutes sortes de fatigues. *

tion des Habitans.

---

* Je me souviens à ce sujet d'un endroit de *Cesar, de Bello Gallico.* Liv.
III. Ch. 1. *Neque multum frumento,*
dit-il, en parlant des Suabois, *maxi-
mam partem lacte atque pecore vivunt,
multumque sunt in venationibus. Quæ
res & cibi genere & quotidiana exerci-
tatione & libertate vitæ ( quod à pueris
nullo officio aut disciplina assuefacti,
nihil omnino contra voluntatem fa-
ciant ) & vires alit & immani corpo-
rum magnitudine efficit ;* c'est-à-dire :
» Ils ne se nourrissent guéres de bled,
» & ne vivent la plûpart que du lait
» de leurs bestiaux & du gibier, que la
» chasse leur produit. Cette espece de
» nourriture, l'exercice journalier, la
» façon indépendante de vivre & li-
» bre de toute espece de sujettion ou
» de discipline, & la satisfaction de ne
» suivre d'autre regle que leur volonté

Ils jouissent presque généralement
des avantages de ceux, qui vivant
dans une simplicité naturelle, sans
ambition ni souci, & ne connoissant
qu'une nourriture simple & toujours
uniforme, passent leurs jours dans
des travaux pénibles & continuels :
je veux dire, ils deviennent non seulement fort vieux, & vivent souvent
100 ans ; mais ils continuent d'être
vigoureux, même dans leur vieil-
lesse, sans être sujets aux infirmités
de l'âge, comme le font ordinairement les Peuples qui menent une
vie plus molle & plus délicate. Ils
sont généralement bien faits, & ont
de belles dents blanches & bien
saines ; ce qui paroît fort étonnant dans leur Climat & avec
leur nourriture ; mais qui n'est pas
moins une preuve certaine de la
bonne constitution de leurs corps,
& qu'on doit attribuer sans doute

------

» les rend extrêmement forts & leur
» donne des corps d'une stature énor-
» me. «

à la pureté de l'air qu'ils respirent, à la bonne digestion de leurs estomacs, aux exercices perpétuels du corps, & au défaut de sel & de nourriture salée. Les femmes ne cedent en rien aux hommes pour le tempérament. Elles sont aussi dures & fortes qu'eux. Elles accouchent aisément, se baignent un instant après, & se remettent sur le champ à leurs ouvrages.

On n'entend guéres parler ici de Fiévres, ni de pareilles *Maladies* * , ce que j'attribue à la vertu des Plantes, dont j'ai parlé ci-dessus, aux excellentes Eaux Minérales qu'ils boivent journellement sans les connoître, aux Vents qui purifient con-



---

* Le Docteur *Bioern* remarque, dans les *Transactions Philosoph.* N°. III. pag. 238, que leurs Maladies épidémiques les plus communes sont la Colique & la Lépre; ce qui ne doit pas paroître extraordinaire; si l'on réfléchit sur la gourmandise & la mal-propreté des Islandois.

*Tome I.* X

tinuellement l'air, au froid sec, pur
& durable, à la dureté naturelle des
habitans, & à la bonté de leurs estomacs. Ces heureuses dispositions leur
font absolument ignorer les Méde-
cins. Si quelqu'un tombe malade,
toute sa diéte ne consiste qu'en bon
lait, tel qu'il vient de la Vache, &
on ne lui donne pour toute médecine, qu'un peu de tabac qu'on lui
fait mâcher, & un bon coup d'eau-
de-vie, pour rétablir l'estomac. Il
n'y a pas même actuellement un seul
Chirurgien dans l'Isle, du moins autant que j'ai pu m'éclaircir des personnes qui y ont vécu pendant quelque temps. La dureté du tempérament, auquel ces Peuples s'accoûtument, fait qu'ils méprisent bien des
petites incommodités, & les blessures
s'y guérissent facilement d'elles-mêmes ; ce qui vient sans doute du froid
& de la pureté de l'air, qui ne met
pas si aisément les humeurs en mouvement, pour causer la gangréne,
comme il arrive par un air tiéde &
vaporeux dans les Climats chauds.

Education        L'*Enfant* ne tette que huit, ou
des Enfans.

tout au plus quinze jours, s'il est malade. On le couche ensuite par terre, & l'on met à côté de lui un petit vase bouché & rempli de petit-lait chaud, avec une petite canule entortillée de fil, ou un gros tuyau de plume, & à côté un peu de pain, s'ils en peuvent avoir. Lorsqu'il s'éveille, ou qu'il donne quelque marque de soif, on le tourne du côté du vase, & on lui met le tuyau dans la bouche, pour lui faire succer sa nourriture. Lorsqu'il faut porter l'enfant un bout de chemin, soit pour le baptême ou autrement, ils lui mettent dans la bouche un morceau de linge trempé dans du petit-lait. Dès qu'un enfant a attrapé neuf mois, il mange de tout. On ne sçait ce que c'est qu'emmailloter, bercer ou garder un enfant. On le met en culotte & veste à quinze jours., & on le laisse coucher à terre, où il se tourne & roule comme il veut, jusqu'à ce qu'il se dresse lui-même & apprenne à marcher. Tel est le début de la misérable éducation des enfans d'Islande, qu'on accoûtume dès leur tendre

enfance à toutes les duretés de la
vie. On leur voit cependant, malgré le peu de soin qu'on en prend,
des corps & des membres affez
droits, & il est rare de trouver parmi
eux quelqu'un de contrefait ; ce qui
prouve évidemment que la Nature
agit en tout par elle-même, quand
on la laiffe agir , & qu'on évite de la
troubler par des foins fouvent inutiles.

Leurs Cui-    J'ai déjà remarqué en général ,
fines.        que leur nourriture eft groffiere , &
que les vaiffeaux, dont ils fe fervent,
font fort mal-propres. Je dois ajouter ici , que la maniere d'apprêter
leurs mets eft encore plus dégoû-
tante , & même fait horreur. Le
manger quotidien de la plûpart des
habitans de l'Ifle eft le peu de chair
qui refte aux têtes coupées des Cabeliaux , Dorfchs & autres Poiffons.
Ils mettent ces têtes , & quelquefois
un ou deux morceaux du Poiffon même , dans un pot avec un peu d'eau
de Mer. Ils les retirent du feu au
premier bouillon , & les avalent dans
un inftant fans fel ni autre affaifon-

nement. Ceux qui ont de la viande de mouton ou d'autre, la mettent sur le feu avec un peu d'eau douce, & la mangent de même sans sel *, & à moitié cuite. Au surplus ils ne mangent rien de frais tué, soit en poisson, soit en viande ; & ils jettent toutes leurs provisions dans un coin pour les y laisser un peu pourrir, sans quoi les mammelons insensibles de leurs langues trouveroient tout insipide. Le feu même augmente l'horreur de leur cuisine. Il y a peu de gens qui ayent des tourbes, moins encore du bois ; qui est très-rare dans l'Isle ; à moins qu'ils n'attrapent de temps en temps quelqu'arbre, que les marées & les tempêtes amenent du Nord, & vraisemblablement de Russie. Le feu ordinaire des Islandois ne se fait qu'avec des arêtes de Poissons, ou des os arrosés avec un

---

* Les Lappons mangent aussi tout sans sel. V. la *Laponie de Scheffer.* Ch. 18. & *Martiniere*, dans son *Itiner. per Septentr.* Ch. 17.

peu de *Thran*, ou huile de Poiffon,
pour les faire mieux brûler. Ils fe
fervent pour cet effet des féces de
cette huile, qu'on appelle *Drus-
Thran* *. Leurs mets le plus délicieux, eft une tête de mouton. Ils
commencent par en brûler toute la
laine, & la fourrent enfuite dans les
cendres de leur vilain feu, où ils la

---

* Qui veut dire Féces ou Marc de
*Thran* ou d'huile de Poiffon. Les Bas-
Saxons difent *Drus* pour Féces, &
les Hollandois *Droeffem van Wyn*,
pour Lie de vin, que les Suiffes appellent *Trufe*, en Latin *Truofina, Amur-
ca olei* pour féces de l'huile. V. le
*Gloff. Florentin.* Item *Dros*, *Drofne*,
pour ordures, féces. Ce mot vient d'u-
ne racine de l'ancien Allemand, dont
je trouve encore quelques veftiges
dans la *Verfion Gothique de la Bible
d'Ulphil.* Nous y lifons Luc I. 52.
*Drausjan*, *ex alto deorfum præcipita-
re*, précipiter du haut en bas, & Matth.
VII. 27. *Draus*, & Luc II. 34. *Drus*,
*cafus*, ou *ruina*, chûte.

laissent rôtir. Dès qu'elle est cuite,
ils la déchirent, & mangent la peau
& tout le reste jusqu'aux os. Leur
goût est commun avec les autres
Peuples réculés du Nord*. I s aiment
très passionnément le beurre & la
graisse, le lard huileux du Requin,
& même le *Thran* des foyes & de
la Baleine.

* * *

* Il est remarquable que généralement tous les Peuples de l'extrêmité
du Nord aiment la graisse. Le fait est
certain des Laponnois & des Groen-
landols. V. *Pechlini Observ. Phys.
Med.* III. 38. *Denys* rapporte la même chose des Sauvages de l'Amérique
Septentrionale, *à l'endroit cité*, chap.
23. pag. 362. de même que le *P. Laf-
fiteau* des Iroquois & d'autres Peuples
dans son *Traité des Mœurs des Sauvages* &c. Tom. II. pag. 91. Ils avalent
avidement l'huile d'Ours, de Requins,
d'Anguilles &c. sans se laisser dégouter en aucune façon par le goût fort &
rance de ces graisses. Le Suif même est
pour eux un ragoût délicieux.

Comme ils n'ont pas eux-mêmes des terres labourables, & que la plûpart n'ont pas le moyen d'acheter la farine que les Négocians Danois y apportent quelquefois, il n'eſt pas étonnant qu'ils ignorent l'uſage du *Pain*. Ils ſe ſervent à ſa place de leur Poiſſon ſec ou *Stocfiſch* * , &

---

* C'eſt auſſi le Pain des Laponnois. V. l'*Hiſtoire de Laponie* de *Scheffer* , pag. 194. & *Jean Lauriſſen Wolf*, dans ſa *Norwegia Illuſtrata*, pag. 198. dit en paſſant des Habitans les plus reculés de la Norwége, ,, Ils ,, n'ont pas toujours du pain, & ils ſe ,, ſervent à ſa place de viande ſéchée ,, ou de *Stocfiſch*, qu'ils font ſécher ,, au vent, & qu'ils appellent dans ,, leur langue *Skirping* ,, . Je trouve une pareille relation de la Province d'Aden en Arabie, dans *Marc Paul Venet.* pag. 163. *Fiunt etiam*, dit-il, *ab incolis* panes biſcocti ex piſcibus, *idque in hunc modum : Concidunt piſces minutim atque contundunt in modum farinæ : & poſtea commiſcent &*

ordinairement de celui qui n'est pas de débit. Ils le mangent crud, & ne font que le battre un peu. Quand ils veulent se régaler, ils le mangent

---

*subagitant quasi pastum panis, atque ad solem desiccari faciunt ; & vivunt ipsi & jumenta ipsorum de illis panibus fictitiis per totum annum ;* c'est-à-dire : » Les Habitans font aussi des *Biscuits* » *de Poisson* de la maniere suivante : ils » coupent les Poissons par petits mor- » ceaux & les pilent menus comme la » farine, qu'ils mêlent ensuite com- » me la pâte de pain. Ils font sécher » le tout au Soleil, & c'est de ce pain » que non seulement eux-mêmes, mais » aussi leurs Bestiaux vivent pendant » toute l'année ». *Gemelli Careri* dans son *Voyage autour du Monde*, Tom. II. pag. 319. rapporte la même chose des Habitans des Isles de Lugon & d'Angos dans le Golfe de Perse : » ils » n'ont de meilleur aliment, dit-il, » que les Sardines. Ils les font sécher » au Soleil, & elles leur tiennent lieu » de pain pendant toute l'année.

avec du beurre en guise de tartine,
ou quand ils n'en ont point, ils en
graissent un morceau avec du lard
de Requin, ou du *Thran*, ou même
du suif. Il y en a qui font du pain
d'une espece de bled sauvage, qui
sans culture vient avec les autres
herbes ; mais un étranger ne sçauroit
en manger.

*Leur Boisson.*

Leur *Boisson* ordinaire est l'eau,
qu'ils ont fort bonne & agréable à
boire, comme je l'ai dit ci-dessus.
On loue surtout beaucoup celle que
les rayons du Soleil font fondre dans
les montagnes de glace & de neige * ;

* Je crois ceci d'autant plus volontiers que j'ai appris moi-même par expérience, étant dans les montagnes de Suisse, que lorsqu'on est bien abbatu par les fatigues & la soif, on ne trouve rien de plus rafraîchissant que l'eau des glaces fonduës qui découle des Montagnes. M. *Scheuchzer* en donne même des raisons Physiques dans son *Histoire Naturelle de la Suisse*. Part. III. n. 29.

Ils boivent aussi du *Petit-Lait.* Le gros
du Peuple n'a jamais bû de *Bierre*,
& ceux qui ont le moyen d'en acheter, ne peuvent la conserver contre
la gelée, faute de Caves qu'on ne
connoît pas dans cette Isle. Il y en a
qui font pour leur bouche une petite provision de *Vin* de France, que
les Négocians Danois y apportent
de temps en temps ; mais comme
ils le conservent ordinairement dans
des vases mal propres, qui ont servi
au petit-lait ou à l'huile de Poisson,
& qu'ils n'ont pas soin de les rinser
avant d'y mettre le vin, il tourne
en peu de jours, & devient aigre &
trouble. Leur boisson favorite est
l'*Eau-de-Vie*, dont ils s'enyvrent volontiers, hommes, femmes, jeunes, vieux & enfans. Toute leur
consolation, tout leur encouragement, & même tout leur but dans
leurs travaux pénibles & dangereux,
par mer & par terre, n'est autre
chose que de prendre du Poisson,
& de les préparer promptement,
pour le troquer contre l'eau-de-vie
à l'arrivée des Vaisseaux Danois ;

auſſi dès le premier moment qu'ils ſe ſont emparés d'un tonneau de cette liqueur, ils ne le quittent que quand il eſt vuide, & tant qu'il dure, ils font vacance ſans penſer à la Pêche.

Habille-mens.     Leur façon de manger & de boire, n'eſt pas démentie par leurs *Habillemens* & leurs Habitations. Leurs habits ſont faits de toile d'emballage, ou d'une eſpece de gros drap qu'ils travaillent eux-mêmes, & qu'ils appellent *Wadmel* *, ou de cuir non-corroyé qu'ils conſervent toujours ſouple, en le graiſſant avec des foyes de Poiſſon. Quant à la façon de leurs habits, j'ai ſçu en général, que les hommes & les femmes portent des Chauſſes, ou plutôt Bas & Culottes de toile d'une piéce, qui ne vont aux femmes que juſqu'au nombril, mais qui montent plus haut aux hommes.

------

* *Gudman André* dans ſon *Lexicon Iſlandiæ* dit : Vadmæl *eſt pannus ruſticus ſeu vulgaris*, un gros drap de Payſans.

Ceux-ci portent par-deſſus des Culottes & des Camiſoles de *Wadmel*,
ou de peau de moutons. Les femmes
portent des habits larges, à peu près
dans le goût des Andriennes, & des
Jupons ouverts par devant, qui ſe
joignent par de petits crochets, &
un petit tablier par deſſus. La tête
eſt ornée d'un Turban élevé en pain
de ſucre. La Bande dont il eſt formé,
a une aune & demie du Pays de
long. Celle de deſſous eſt de groſſe
toile, couverte par deſſus d'une
autre de toile plus fine. On l'entortille autour de la tête, & plus une
femme eſt diſtinguée, plus ſon Turban eſt épais. Celles qui ne ſont pas
mariées, portent pour marque de
diſtinction, une Bande d'étoffe de
ſoye, qui entortille le Turban proche
la tête. La plûpart des habitans d'Iſlande portent des Bas rouges de
laine. Les Souliers, tant des hommes
que des femmes, ne ſont autre choſe, que des morceaux de cuir non-
corroyé, & ſerrés autour des pieds
avec des ſangles de boyaux de mouton, qui, à ce que je crois, doivent

faire une chauſſure fort incommode.



Leurs Habitations ſont petites, & d'une architecture très ſimple. Les maiſons ſont un peu enfoncées dans la terre, pour leur donner plus de ſolidité, & en même-temps plus de chaleur. Les quatre murailles ſont élevées de pierres ou morceaux de de roc, avec de la terre entre deux. Elles ont ordinairement 5 aunes & demie du Pays de haut, les deux longs côtés ont 12 à 14 aunes de long, & leur diſtance eſt ſi peu conſidérable, qu'un grand homme placé au milieu peut les atteindre des deux côtés avec les extrêmités de ſes doigts. Ces Cabanes ſont couvertes d'un toict fort bas de chevrons minces de bois, ſur leſquels on cloue trois lattes & de petites traverſes. La couverture eſt de gazons verds, qui pouſſent au Printemps, & qui lient ſi bien le tout par leurs petites racines, que la chaleur du dedans ne peut pas ſortir, & que la pluye & la neige n'y pénétrent jamais. On laiſſe ſur le devant de la maiſon une petite ouverture, qui ſe ferme par une porte de bois fort fimple, & l'on pratique dans le toiƈt fix ou fept trous, pour y faire entrer la lumiere. Ces trous font garnis de petits cercles de tonneau, avec du parchemin bien tendu, en guife de fenêtres. Le parchemin eft préparé des tuniques *allantoïdées*, des bœufs & des vaches, qu'ils appellent en leur langue *Hinne* *. On commence par étendre autant qu'on peut ces tuniques fur une planche : on les y colle

---

* V. *Bartholin. Aƈt. Med. Hafn.* Vol. V. Obferv. 45. Le mot *Hinne* eft Danois, en Iflandois *Hinna*, autrefois *Himna*. V. le *Lexicon Ifl.* de *Gudman André*. Ce mot auffi bien que le Latin *Hymen* & le Grec ὑμήν, vient de l'ancien *Himen* ou *Himmen*, *contegere*, couvrir. De là vient le mot *Hinnen* des Peuples du Nord, en Allemand *Himmel*, le Ciel qui couvre tout, de même que les mots *Himmet* ou *Hemmet* des Baſ-Saxons, en Allemand *Hembd*, chemife qui couvre le corps immédiatement &c.

enfuite, & on les laiffe fécher. On les humecte après cela pour diffoudre la colle, & on les étend enfin de même felon leur différente grandeur fur des cercles de tonneau. Vers la nuit & à l'approche d'un orage, on a foin de couvrir ces fenêtres avec de petites planches. Ceux qui en ont le moyen ont un ou deux vitrages dans leur maifon, mais dont chacune n'a tout au plus que fix carreaux très petits. On éleve à un des côtés longs de la maifon une efpece d'échafaut de planches, à la hauteur précifément que les beftiaux puiffent fe loger deffous en hyver. L'échafaut même fert de lit à toute la famille, quelque nombreufe qu'elle foit. Le coucher n'eft autre chofe, qu'un peu de foin, fur lequel ils s'étendent tout nuds, & un morceau de leur *Wadmel* ou gros drap du Pays, quelquefois doublé de peau de mouton, leur fert de couverture. Ils fe rangent alternativement dans ces lits, enforte que l'un a la tête dans l'endroit où fon voifin a les pieds, & il n'y a pour toute féparation qu'un morceau

d'une

d'une seule planche entre ceux qui font cenfés ne devoir pas coucher enfemble. Je n'ai rien à dire des meubles de ces appartemens , qui, comme il eft aifé à concevoir , doivent être infectés d'une puanteur infupportable.

Tout ce que j'ai rapporté jufqu'à préfent de la mauvaife nourriture & de la vie fale & purement machinale des Iflandois , ne fait pas trop bien augurer des qualités de l'ame de ces Automates. Auffi font-ils naturellement fi poltrons, qu'on ne peut les accoûtumer à tirer un fufil. Les Rois de Danemarc ont effayé à différentes reprifes d'en employer , foit fur les Flottes , ou dans les troupes de terre; mais ils ont toujours été obligés de les renvoyer dans leur Ifle , & leurs Congés font toujours motivés par leur incapacité qui les rend entiérement inutiles. On obferve outre cela dans ce Peuple un attachement fingulier à fon Ifle ; & au lieu qu'il devroit trouver naturellement toute autre contrée plus agréable que la fienne, il left

*Humeur des Iflandois.*

au contraire sujet à la maladie du
Pays plus que toute autre nation du
monde. Cette envie de revoir leur
patrie a donné à plusieurs Islandois
des maladies incurables , & quelques-uns même en sont morts * ; ce
qui a été expérimenté non seulement sur ceux qu'on a fait soldats
malgré eux , mais même sur d'autres
que les Négocians Danois avoient
amenés de leur consentement , pour
apprendre le commerce , & qu'on
avoit attention de traiter avec toute
la douceur possible. Tel est le pouvoir de l'habitude , & tels sont les
charmes d'une liberté absoluë : il est
facheux qu'elle soit sans ordre & trop

---

* *Scheffer* , *à l'endroit cité* , chap.
3. rapporte la même chose des La-
pons ; de même que M. *Scheuchzer* ,
dans son *Histoire Naturelle de la Suisse*
N°. 15. & 16. où l'on trouve en même temps des raisonnemens fort jus-
tes fondés sur la Physique & la Médecine touchant la Maladie du Pays de
ses Compatriotes.

effrénée dans ce Pays, comme je l'ai fait remarquer en plusieurs endroits; & c'est de-là précisément que viennent les deux défauts primitifs des Islandois, qui sont la source de tous les autres. La paresse est le premier, & un entêtement indomptable le second. Ils ne travaillent jamais, que quand la nécessité les presse, & ils sont si prévenus pour les manieres de leur Pays, que quand même on leur enseigneroit de meilleures façons, des instrumens plus commodes, & des inventions plus courtes pour le travail, ils les rejettent sans écouter, & s'opiniâtrent toujours pour leurs anciens usages.

Ce sont ces malheureuses dispositions, qui étouffent en eux tout penchant pour les Arts & les Sciences. Cependant il ne faut pas s'imaginer qu'ils soient naturellement stupides & incapables de parvenir. Nous sçavons au contraire, qu'il est sorti des Sçavans de leur Isle, & que quelques autres qui ont voyagé, ont fort bien réüssi à l'Ecriture & à l'Arithmétique, aux ouvrages de Bijouterie, Clin-

Ils ne veulent rien apprendre.

quaillerié , &c. Le premier défaut
eſt dans la volonté , ils s'opiniâtrent
à s'en tenir uniquement à ce qu'ils
ont vu faire à leurs Ancêtres, & à ce
que la néceſſité les oblige de faire.
Au reſte ils ne ſont pas mal-adroits
pour leur beſoin , & quand il eſt néceſſaire , tout homme eſt Charpen-
tier , Menuiſier , Maréchal , Archi-
tecte, Conſtructeur de Vaiſſeaux,&c.
& chaque femme eſt Ouvriere en
habits , en ſouliers , &c. C'eſt à ces
métiers indiſpenſables   qu'ils élevent leurs enfans dès leur plus tendre jeuneſſe. On doit encore , à ce
qu'il me paroît , compter pour quelque choſe , la dextérité qu'ils ont à
faire tout ce qu'il faut pour leur uſage , n'ayant ni les matériaux convenables , ni les inſtrumens pour la
fabrique. Ils ne connoiſſent ni Chro-
nologie , ni aucune façon artificiel-
le de meſurer le temps , & ſe réglent
uniquement ſur les Marées *, & ſur

---

* D'autres Peuples du Nord ſe ſont
ſans doute ſervis des Marées pour comp-

le Soleil, quand ils le voyent.

Les travaux ordinaires, & prefque les feuls des Iflandois, font la Pêche & la préparation du *Stockfifch*, & le foin de leur Bétail. J'ai déjà parlé de leur Pêche, & de leur maniere de préparer le Poiffon. Leurs barques de Pêcheurs font faites de planches de chêne fort minces, que nous appellons *Wagenfchott* *, & elles font

Leur Occupation

---

ter le temps. C'eft vraifemblablement delà, que le flux & reflux de la mer eft appellé par les Bas-Saxons & par les Anglois *Tide*, qui veut dire *Temps.*

* Ces Planches minces font fciées du bois de chêne, & nous parlons ici de la moindre efpece, dont on fe fert communément pour revêtir les murs, lorfqu'on veut y mettre des tapifferies ou pour d'autres ufages. Il y en a une efpece beaucoup plus eftimée, qu'on fcie des meilleures racines, & dont les petites planches étant remplies de même de toute forte de couleurs fervent aux Menuifiers & aux

ſi legeres , que deux hommes les portent ſans peine ſur leurs épaules :

---

Ebéniſtes pour des Ouvrages de Marqueterie &c. C'eſt de ces veines variées que vient le nom Bas-Saxon & Hollandois de ces planches : car *Wagenſchot* ſignifie proprement ondoyé , *lignum undulatum maris criſpantis undas imitans* , c. à d. un bois ondoyé qui imite les ondes de la Mer agitée. Ceci s'accorde avec l'*Ethymolog. Teut. Linguæ* , qui dit : *Waegheſchot eſt lignum , quod ſponte fluctuantis maris undas imitatur. Wolghen - Schotten , contabulare aſſeribus tigrinis , veſtire parietes tabulis ;* c'eſt-à dire , ,, *Wagheſchot* eſt du bois qui imite les ,, ondes de la Mer en mouvement , & ,, *Wagenſchotten* , ſignifie lambriſſer ,, avec des planches tigrées , revêtir le ,, mur de planches ,,. *Waage* en Hollandois, *Wage* en bas-Saxon , *Woge* en haut Allemand , eſt Onde, flot de la Mer , *fluctus maris* , *Wage* , eau dans *Otfr.* 1. 3. 24 *Wago* eſt *Vorago* , Abîme. V. *Gloſſ. Rhab. Maur. Wag ;*

car toutes les fois qu'ils reviennent
à terre pour y refter , ils font obligés, crainte de les voir brifer par
les flots de la Mer , de les porter fi
haut fur le rivage , que la marée
jointe au vent ne puiffe les enlever ,
d'autant plus qu'ils n'ont ni ancre
ni crochets pour les attacher. Lorfqu'étant en Mer ils veulent arrêter
leur batteau , ils fe fervent en guife
d'ancre d'une groffe pierre trouée
& traverfée d'un gros bâton , qu'ils

---

*fluctus Maris* , flot de la Mer. V.
*Rhythm. G. S. Annon.* § 15. *Wag.*
*Wage, Lacus,* Lac. V. *Otfr.* III. 9. 34.
*Tatian. Harm.* ch. 19. La racine de
tous ces mots, eft *Wagan , motitare ,*
mouvoir , balancer , comme , dans
*Ulphil , Wagid , commotus eft. Waga,*
*Cunæ* , Berceau. *Otfr.* I. 20. 26. &
dans le *Gloffarium Florentin* , qui eft
en MSC. dans la Bibliotheque de Hambourg. *Wage* en Allemand Balance ,
en Iflandois *Waga , Vehor* en François Voguer. Item Vagues , flots de la
Mer , &c.

laissent tomber au fond de la Mer, où les deux bouts du bâton entrent dans le sable ou limon, & retiennent la barque. Ce n'est que dans un petit nombre d'endroits, où ils ont des bâteaux plus gros & plus solides, avec un mât & un voile de toile d'emballage.

*Leurs Pâturages.* Le soin de leur Bétail, à parler en général, ne les occupe pas beaucoup. Les habitans de Westman-œ, envoyent leurs moutons dans les petites Isles voisines, qui sont toutes couvertes d'herbe, afin de pouvoir les rassembler sans peine toutes les fois qu'ils le trouvent à propos. Au reste je me suis assez expliqué ci-dessus sur leur façon de garder & de tuer leur bétail.

Je me contenterai de rapporter ici leur maniere de préparer les Peaux, qui ne ressemble en rien à ce que nous appellons tanner ou corroyer.

*Préparation des Peaux.* Ils prennent la Peau pendant qu'elle est encore chaude, & en la passant successivement sur un genou nud, ils en raclent le poil ou la laine

laine avec un coûteau. Cet ouvrage est fort pénible; mais ils s'en acquittent avec une vîtesse & une dextérité étonnante. La peau étant bien mouillée, ils l'attachent & l'étendent tant qu'ils peuvent le long d'un mur, & la font sécher au vent. Ils l'ôtent aussitôt qu'elle est séche, & s'en servent sur le champ à toute sorte d'usages. Tout ce qu'ils portent de peaux & de pelleteries sur le corps, est graissé tous les 4 ou 5 jours avec des foyes de Poisson fort huileux, ce qui les tient en effet très souples; mais qui exhale une puanteur si terrible, qu'aucun Négociant Danois, surtout en y arrivant pour la premiere fois, ne sçauroit supporter cette odeur proche de lui, la puanteur de ces huiles & la malpropreté générale de ce peuple ne permettant pas à l'Etranger, quelqu'affaire qu'il ait, de leur parler autrement qu'en plein air, & au-dessus du vent; ce qui prouve de nouveau, combien l'habitude est puissante dans ces hommes, qui vivent continuellement, & se portent parfaitement bien dans des saletés &

puanteurs affreufes , dont la centie-
me partie fuffiroit pour faire bientôt
périr ceux qui font élevés plus délicatement.

Leurs au-<br>tresOuvra-<br>ges.

Toute la Nation , foit hommes ,
femmes ou enfans , quand elle ne
s'occupe pas au Stockfisch , travaille
en laine , & tricotte des camifoles ,
des gants , des bas , &c. Il n'y a pas
de fabrique dans le Pays , à l'exception de celle qui fert à faire le *Wad-*
*mel* , ou gros drap. Leur *Foulerie* ne

Foulerie.

fe fait qu'avec de l'urine chaude , &
elle eft auffi pénible que mal enten-
duë. Ils y jettent leur drap en rou-
leaux & le pétriffent avec les pieds
pendant toute une journée ; ils travaillent de même les gants & les
bas , mais avec les mains & pendant
fort longtemps. Il faut qu'un homme foit habile & fort pour bien
fouler une camifole ou trois paires
de bas dans fa journée. Les femmes
font la leffive avec de la cendre &
de l'urine faute de favon. Ils ont auffi
l'adreffe de tirer du verd de gris
d'un chaudron de cuivre par le
moyen de l'urine , & de s'en fervir
pour la teinture.

On ne s'imagineroit pas que des hommes si grossiers fussent aussi four-bes dans le *Commerce* ; cependant l'expérience apprend qu'on ne sçau-roit être trop sur ses gardes en trai-tant avec eux.

Pour donner une idée complette de leur Commerce, je dois ajouter ici, que dans toute l'Isle il y a 14 *Ports pour le poisson* & 8 *pour la viande.* Les premiers sont situés au Nord & à l'Est de l'Isle, & les se-conds au Sud & à l'Ouest. Le Roi afferme pour un temps les uns & les autres à des Négocians de Copen-hague, qui envoyent leur Commis dans l'Isle, où ils passent quelque-fois l'hyver ; & c'est avec eux que les Islandois font le Commerce. Les Ports pour le poisson, qui rendent ordinairement un bon profit, sont assez courus & aisés à affermer ; mais il n'en est pas de même des Ports pour la viande, où il n'y a pas beau-coup à gagner, & qui resteroient abandonnés au préjudice des habi-tans de cette Isle aussi bien que des autres Etats du Royaume sans une sage Ordonnance du Roi qui porte que chaque Négociant qui afferme deux Ports pour le poisson doit se charger aussi d'un Port pour la viande. C'est par ce moyen qu'on les place tous à l'exception d'un seul qu'on tâche aussi de faire valoir le mieux qu'on peut. Les Habitans voisins des Ports pour la viande amenent au temps nommé leurs moutons aux Commis des Fermiers, qui donnent pour un bon mouton 80 poissons & pour un moindre à proportion. Il y en a, mais peu, qui amenent des bœufs, qu'on évalue chacun à 10 ou 15 moutons, selon qu'ils sont gros : un médiocre n'en vaut que 8. Les Commis font tuer ces bêtes par les Islandois, qui en remportent les têtes & les tripes pour leur peine. Le temps de tuer le bétail tombe vers la fin d'Août ou le commencement de Septembre : car comme le froid approche alors, l'herbe commence à jaunir & les bestiaux diminuent. On coupe la viande à la façon Danoise, on la sale dans des tonneaux & on la transporte

à Copenhague ou ailleurs. Les Payſans voiſins des Ports pour le poiſſon vendent de même aux Commis
leur poiſſons féchés , comme leur
*Flackfiſch & Hengfiſch,* dont j'ai parlé
ci-deſſus. On ne prend réguliérement dans le commerce que du
poiſſon préparé du Cabeliau ; ſi cependant on n'en a pas pris aſſez
dans l'année , on paſſe auſſi ceux qui
font faits de la grande Morue &
d'autres poiſſons , & le Marchand
eſt obligé de le prendre en paye-
ment.

Tous les *Payemens* , que les Danois     Paye-
font aux Iſlandois , conſiſtent ou en     mens.
marchandiſes qu'ils apportent , ou
en argent comptant , dont cependant on ſe ſert rarement. Tout l'argent qui a cours dans l'Iſle eſt argent de banque ou des Couronnes
de Danemarc , & l'on n'a d'autre
monnoye que du Stockfiſch.

Toutes les acquiſitions , ventes
& généralement toutes les affaires     En poiſ-
ſe font en poiſſons , & les livres       ſon.
& comptes ſe tiennent de même.

* Un écu argent de banque vaut tou-

---

* J'ai sçu à cette occasion, que le commerce se fait à peu près de même dans les Isles de Feroe qui sont voisines de l'Islande. Torshaven est l'endroit capital & l'entrepôt de ces Isles, où le Roi de Danemarc tient un *Voogd* ou Baillif, qui fait le commerce au nom du Roi, parcequ'on ne trouve pas de Fermiers qui veuillent s'en charger, & qui tire de Copenhague les marchandises les plus nécessaires pour ces Isles. On y achete & compte tout en peaux de moutons appellés *Skins*. Un *Skin* tient lieu de 4 shellings de Danemarc ou de 2 de Lubec, qu'on ne voit jamais en nature. Cet usage vient de ce que cette Isle ne subsiste presqu'uniquement que de ses moutons, dont il y en a une quantité si prodigieuse qu'on y trouve des Paysans qui en possédent plus de 2000. Cette petite Isle fournit beaucoup de viande de mouton salée, des quantités considérables de Camisoles de nuit, de Bonnets & de Bas de laine,

jours 48 poissons. Une couronne simple a été fixée par le Roi à 15 poissons, & la double à 30. Un poisson doit peser 2 livres, c'est-à-dire, 2 livres pesant en poisson font un *shelling* de Lubec ; 10 livres font ce qu'on appelle ici *Fæhrung,* & 16 font un *Lispond.* La journée d'un Ouvrier est payée 10 poissons ou 10 *Shellings* de Lubec &c.

Les marchandises, que l'Islande fournit & qui sortent de l'Isle, sont : Marchandises qui sortent.

Le *Flackfisch.*

Le *Hengfisch.*

Peu de grande Moruë & des *Schelfisch* séchés.

Mouton salé.

Peu de Bœuf salé.

*Thran* clair & brun & d'autres hui-

---

des plumes d'oye, du Duvet appellé *Egledun,* un peu de *Rothfchaer* ou poisson séché, du suif, de l'huile de poisson &c. Les Habitans ne portent pas de souliers ; ils ont des bas de laine avec des semelles assez épaisses pour durer pendant longtemps.

les de foyes de toute forte de poiffon.

Un peu de beurre & de fuif.

Quantité de gros Bas , Gants , des Camifoles , des Bonnets &c. tricottés & foulés.

Des Renards bleus.

Des *Schmaasken* , ou peaux de jeunes Agneaux.

Des Peaux de Mouton,

Du Duvet appellé *Egledun*.

Du Soufre cru.

Les Marchandifes d'Iflande entrent dans tous les Ports du Royaume de Danemarc & des Provinces conquifes , fans payer aucun droit.

Celles qui entrent.     Voici les Marchandifes , que les Iflandois tirent de Dannemarc.

Du Fer.

Du Bois.

De l'Eau de vie de bled.

De la Farine.

Du Vin.

Du Sel.

De la groffe Toile.

Un peu de Soyerie , & au refte , tout ce que ceux qui en ont le moyen demandent pour leur ufage.

Il n'y a que les Danois feuls qui

puiffent trafiquer en Iflande, & les autres Nations font abfolument ex-clufes. Leur commerce fe fait en échange, & les Iflandois ne payent jamais en argent, dont vraifemblament ils ne font pas trop pourvûs.



Pour empêcher, que les Iflandois, qui ne peuvent tirer leurs provifions néceffaires que des Fermes Danoifes, ne foient léfées & opprimés par l'avarice des Fermiers, le Roi a établi une *Taxe* pour les vivres & autres marchandifes qui entrent dans l'Ifle, & la renouvelle de temps en temps. Ceux qui y contreviennent en la moindre chofe font condamnés en 1500 écus d'amende.



J'ai remarqué, que les *Poids & Mefures* de cette Ifle font tout-à-fait conformes aux Réglémens de la Ville de Hambourg; ce qui me paroît une preuve évidente, que les Hambourgeois doivent avoir eu anciennement beaucoup de relation avec l'Iflande, & même avoir été les premiers à régler leur commerce. Ce qu'il y a de certain, c'eft qu'il y a eu autrefois en cette Ville une Con-

frérie de Commerçans d'Islande ;
qui sont nommés dans les anciennes
Chartes *Kopmanni observantes Reisas
in Islandiam*, & dont nous trouvons
encore aujourd'hui des vestiges.
Mais depuis que les Danois se sont
emparés de ce Commerce, il n'est
plus permis ni aux Hambourgeois,
ni à toute autre Nation d'aborder à
cette Isle pour y trafiquer. Cependant il y vient tous les ans un nombre assez considérable de vaisseaux
Hollandois, que les Danois appellent Contrebandiers (*Lorrendrayers*),
& qui y apportent en fraude de
l'eau de vie & d'autres marchandises en échange contre du bon Stockfisch & des huiles de Poisson *. Ces
Contrebandiers sont si adroits, qu'ils
ne manquent jamais leur coup : d'ailleurs le Grand-Baillif de l'Isle n'a
aucun vaisseau armé à son service,
& les vaisseaux Marchands, qui y

---

* Ces mêmes Contrebandiers font
tous les ans un pareil Commerce dans
les Isles de Feroe.

viennent de Danemarc, n'ont pas le temps de les guetter. D'un autre côté les Hollandois pour mieux couvrir la fraude, & pour tirer tout le parti possible de leur Voyage, se tiennent, en attendant le moment favorable pour aborder, à une distance assez considérable de l'Isle & pêchent du Cabeliau, dont ils préparent leur *Labberdan*, comme je l'ai dit ci-dessus, & le rapportent chez eux, & quelquefois même à Hambourg.

La seule *Religion*, qu'on souffre en Islande, est la *Luthérienne*. Les Calvinistes en sont absolument bannis. Un petit nombre d'habitans, dont les Ancêtres ont été Catholiques, conservent encore un reste de leur Religion; mais ils sont obligés de se cacher.   Religion.

L'Isle est divisée en *deux Evéchés*. Un des Siéges est à Halar, & l'autre à Skalholt *. Il y a dans chaque   Division du Clergé.

---

* On peut consulter à ce sujet la Dissertation de *Islandia* de *Theod.*

Evêché une Ecole Latine & une Imprimerie, où il s'imprime de temps en temps un Livre de dévotion dans la langue du Pays. Le revenu de chaque Evêché monte à 1200 écus, qu'il reçoit en marchandises & en péages Episcopaux, qui sont fixés à dix poissons par an pour chaque habitant. Les Curés ont tout au plus 100 écus de pension, & il y en a qui n'en ont que quatre. Ils ont outre cela part aux Dixmes de poisson, mais avec beaucoup d'inégalité. Dans certains endroits ils ont les deux tiers, dans d'autres ils ont deux lots dans chaque barque qui sort pour pêcher, c'est-à-dire, ils ont autant que la part de deux Pêcheurs de la barque. Ceux d'entre eux, qui n'ont pas dequoi vivre, sont obligés de gagner leur vie comme les autres Paysans, d'aller avec

---

*Thorlac*, natif de cette Isle, imprimée à Wittenberg en 1666. sect. 1. ch. 2. le reste de ce petit Ouvrage qui n'est qu'une compilation mal redigée n'est guéres instructif.

eux à la pêche & de faire de leur
part du Stockfifch pour le trafiquer
aux Fermes : ce qui ne leur eft pas
extraordinaire, leur façon de vivre
répondant affez à celle de leurs Pa-
roiffiens.

La miféere des habitans ne leur Eglifes
permet pas d'avoir des *Eglifes* ma-
gnifiques. Elles ne font pas autrement bâties que les maifons ordinaires des payfans ; c'eft-à-dire, elles
font en partie enfoncées dans la terre, & au refte élevées de morceaux
de roc liés avec de la boue fans
chaux, & couvertes de gazons. Elles ne font guéres plus grandes que
nos fales ordinaires, & font fi baf-
fes, qu'un homme un peu grand
touche au plancher avec fes doigts.
Il eft vrai qu'on ne fçauroit élever
un bâtiment un peu haut dans cette
Ifle à caufe des vents terribles qui
foufflent prefque toujours. Les Danois ont effayé de bâtir une Eglife
plus haute dans une plaine, & ils l'a-
voient conftruite affez folidement &
avec de bonnes murailles à la façon
Danoife ; mais une tempête l'em-

porta l'hyver d'après , & l'on fut obligé d'en bâtir une autre moitié en terre & fort baffe à la maniere du Pays. Le dedans de ces bâtimens repond entiérement au dehors, on n'y voit rien qui donne l'idée d'une Egli- fe. Celui des payfans qui demeure le plus proche , eft chargé de l'infpec- tion du bâtiment & pour l'indemni- té il a la permiffion de s'en fervir de magazin ; il y met des coffres vui- des, des planches, des tonneaux &c. qui fervent de bancs & de chaifes pendant le fervice. On paffcroit vo- lontiers cette fimplicité de Culte aux Iflandois , pourvu qu'on pût dire , à leur égard , comme dans la primi- tive Eglife, *Croffes de bois , Evêque d'or* , & que le Clergé s'acquitât de fon véritable devoir, qui eft l'inftruc- tion dans le dogme & dans les mœurs ; mais j'apprens avec dou- leur qu'on a peine à reconnoître le Chriftianifme dans cette Ifle.

Prédica-
teurs.

Les Prêtres à parler en général y font d'une ignorance craffe, & fça- vent à peine lire le latin. Ils font ou- tre cela fort libertins , & s'enyvrent continuellement d'eau de vie. Il arrive souvent que le Prédicateur en est si rempli lorsqu'il monte en chaire, qu'on est obligé un moment après de le descendre & de faire lire un Sermon par quelque autre. On a même vu quelquefois le Ministre & ses Paroissiens hors d'état d'assister au Service que l'on est forcé de remettre à une autre fois.

On n'est guéres en usage d'envoyer *la Jeunesse* aux Ecoles, du moins on ne l'y laisse pas longtemps. On aime mieux garder ses enfans chez foi, & les accoûtumer à toutes fortes d'ouvrages domestiques & nécessaires aussitôt qu'on les en trouve capables ; mais en même temps on les forme par les mauvais exemples à toute forte de vices, & ils se corrompent sans pouvoir s'en relever. Il est vrai, que par rapport aux dangers continuels, ausquels ils font exposés sur mer, on leur fait faire leur premiere Communion à l'âge de huit ou neuf ans ; mais il est aifé de concevoir qu'ils font peu inftruits & mal préparés pour un pareil Sacrement.

Education des Enfans.

On peut dire en effet, que toute
cette malheureuse Nation ne connoît guéres Dieu ni sa volonté. La
plûpart d'entr'eux sont superstitieux,
& l'apparence du moindre avantage
les détermine à faire un faux ser-
ment contre leurs plus proches parens. Ils sont chicaneurs, méchans,
vindicatifs, sournois & malins ; dé-
bauchés, lubriques, fourbes & vo-
leurs : mais est-il quelque vice qu'on
puisse esperer de ne pas rencontrer
chez des gens qui vivent dans l'in-
dépendance la plus absoluë, que rien
n'éclaire interieurement, & qu'aucune Loi ni Supérieur ne contraint au
dehors, qui vivent dans des déserts
ou sur la mer , qui s'abandonnent
impunément aux brutalités de leurs
passions & surtout à une yvresse
presque continuelle, qui est la mere
de tous les vices ? pour ne pas entrer dans le détail de certains excès
que la Politique oblige de dissimu-
ler, & dont il ne m'appartient pas
de juger. Je n'en citerai qu'un seul
exemple. Cette Isle ayant été attaquée, il n'y a pas bien longtemps,

par

par une maladie contagieuse , qui avoit emporté presque tous ses habitans , le Gouvernement pour engager les autres Sujets du Roi à passer dans l'Isle authorisa les filles Islandoises , à faire jusqu'à six bâtards sans porter atteinte à leur honneur. Cette Ordonnance eut son plein effet, & ces bonnes filles montrerent tant de zéle pour leur Patrie, que les Magistrats furent bientôt obligés de la révoquer & de statuer une peine de la nature du crime , que la pudeur m'empêche de nommer, & qui même est en quelque façon incroyable.

Les *Mariages* des Islandois se font sans beaucoup de cérémonies. Les plus proches parens des deux côtés conduisent le Marié & la Mariée à l'Eglise, où le Prêtre les unit. Ils se rangent ensuite dans le fond de l'Eglise contre le mur. Les jeunes mariés avec le Prêtre sont au milieu & les parens des deux côtés. La Mariée se fait donner un bocal plein d'eau de vie qu'elle porte à sa voisine. Le Marié en fait autant de son côté , & l'on continue de même tant qu'on

Mariages.

peut se soûtenir sur ses jambes. Cette liqueur est l'ame de toutes les Assemblées du Pays, & pourroit-on s'en passer dans une cérémonie aussi auguste que celle du mariage?

*Jeux Echecs.*

Comme ils ont beaucoup de loisir dès que le temps de leur pêche est passé & qu'ils ne travaillent que quand ils ne peuvent pas s'en dispenser, ils s'adonnent au *Jeu* pendant les longues nuits : les Echecs sont leur plus grande occupation ; les Islandois y ont été celébres de tout temps & le sont encore aujourd'hui. Ils ont aussi un certain *Jeu de Cartes*, qui m'a paru fort singulier, mais que le peu d'usage, que j'ai de ces sortes d'amusemens, ne m'a pas permis d'approfondir.

*Danses.*

Ils aiment beaucoup la *Danse*, qui chez eux se ressent de la simplicité gothique. L'homme & la femme se mettent vis-à-vis l'un de l'autre & sautent continuellement en se laissant tomber tantôt sur la jambe droite tantôt sur la gauche. Ces danses se font au chant des vieillards & quelquefois à la cadence d'un certain inſtrument long & étroit monté de 4 cordes & qui ſe joue comme la Guitarre.

Je dois ajouter ici un mot du *Gouvernement Civil* de cette Nation. Le Roi de Danemarc tient dans cette Iſle un *Grand-Baillif.* Il n'eſt pas néceſſaire qu'il ſoit Gentilhomme, & l'on donne ordinairement ce Poſte au Sécrétaire d'un Miniſtre, ou à quelqu'ancien Commis, dont on veut récompenſer le ſervice. Il demeure ſur la Côte Occidentale à Beſteſtet - Kongſgaard. Le Roi lui donne par an 400 écus, argent de banque, & l'extraordinaire lui vaut plus de deux fois cette ſomme. Il eſt le ſuprême Juge dans le *Civil* & le *Criminel.* Le *Voogd du Roi* eſt le ſecond Officier de l'Iſle. Il demeure au même endroit que le Grand-Baillif, & a 200 écus d'appointement. Il eſt chargé de lever l'argent des Fermes, & généralement tous les revenus du Roi & d'en tenir les comptes.

Les *Fermes* de tous les Ports ſe montent par an à vingt mille écus

*Gouvernement Civil.*

*Revenu que le Roy tire de l'Iſle.*

argent de banque , & les *Loyers* que le Roi tire de certains Bâtimens publics vont à huit mille écus. Il y a aussi dans certains districts un tiers de la dixme du Poisson qui entre. Outre cela chaque Sujet, dont le bien passe 20 écus , donne au Roi 40 Poissons par an. Il y a encore dans cette Isle trois *Lowmen* * , ou Bail-

---

* En Islandois *Loymadr* , en goth. *Loegmadr. V. St. Ol. Saga.* ch. 70. dans *Verelius* , Juge Provincial , en Suedois *Lagman*. Son nom veut dire homme de Loi , ou Juge qui prononce la Loi , & vient du mot *Lag* , *Lage* , qui signifie dans le Gothique & le Suedois Loi , *Lex* , *Jux* , *Statutum* , & que les Danois prononcent *Low*. Delà vient *Lag-breca* , Transgresseur de la Loi , *Lah-man* sçavant dans la Loi &c. V. *Somneri Vocabul. Ang. Sax.* Tous ces mots viennent originairement de l'ancienne racine *Legen* , *ponere* , *imponere* , poser , imposer , & *Lage* n'est autre chose que la disposition , l'Ordonnance , la Loi &c ; que

Isls particuliers , que les Danois nomment *Lands-Dommer.* Chacun a son District ou Bailliage, & ils ont sous eux vingt-quatre *Syslomen* * , dont chacun gouverne un Village ou quelque petit District. Ceux-ci sont appellés par les Danois *Herreds-Dommer.*

Le Droit , selon lequel on juge dans cette Isle , est différent. Il y a un ancien Livre de Droit ** écrit en

Loix.

---

le Magistrat impose aux Sujets pour régler leurs actions.

* En Islandois *Syslu-madr* , qui signifie Toparque & qui vient de *Sys-la* , qui veut dire *Provincia, Officium,* Poste, Charge. V. le *Lexicon Island,* de *Gudman André &c.*

* Ce Corps de Droit vient de *Magnus Lagabaeter* , c'est-à-dire, le Legislateur, Roi de Norwége. Il est écrit dans l'ancienne Langue Islandoise par *Jonas* qui étoit *Loysaga* , c'est-à-dire, Juge qui prononce le Droit. Il fut introduit en Islande en 1280 ou 1281 , & on l'appelle encore aujourd'hui

Langue Islandoise. Ils ont outre cela
leur *Christna-Ratten* ou Droit Ecclé-

---

*Jons-bok, Codex Jonae,* Code de Jonas. Il est imprimé au Siége Episcopal
de Skalholt. Cependant il est certain,
qu'avant l'arrivée de ce Code il y avoit
déjà une Loi écrite dans cette Isle &
redigée par un certain *Ulfiotus* vers
l'an 926. V. *Arii Torgilsis filii, cog-
nomento Froda, i. e. Polyhistoris,
Schedae.* Chap. III, & *Bussaeus* dans
les *notes*. Je dois remarquer à cette
occasion, que la Langue Islandoise,
telle qu'on la parle aujourd'hui, n'est
plus à beaucoup près si pure que l'ancienne, comme étant mêlée de quantités d'expressions & de terminaisons
Norwégeoises, Danoises &c. On sçait
d'ailleurs, que l'ancienne Langue du
Nord (*Noröno-Malo* ou *Noranu-Ton-
gu*) s'est conservée le plus longtemps
dans cette Isle éloignée & dans celles
de Feroe où on la parloit alors dans sa
plus grande pureté & sans aucun mé-
lange d'autres mots ou expressions :
soit que nous la regardions comme

fiastique, leur *Storadommen* ou Livre de Juges ou de Droit , qui a

---

l'ancienne Langue Danoife, comme le prétend *Otton Sperling* pour complaire à cette Nation, dans fon *Commentarius de Lingua Danica* , ou que nous croyions avec *Verelius* & les autres Editeurs Suedois des anciennes *Saga* ou Loix , qu'elle étoit l'ancienne Langue Gothique ( *Gautamaal* ) ou Suedoife. Voyez à ce fujet *Wormii Literatura Runica.* Ch. 27. pag. 137. Quoiqu'il en foit , il eft dommage, que cette Langue foit fi corrompuë dans ces temps modernes , furtout après la grande mortalité qui a attiré quantité d'étrangers dans cette Ifle & qu'elle fe corrompe aujourd'hui de plus en plus par la converfation journaliere avec les Danois qui en font les Maîtres. Ceux qui ont étudié les Origines , les dérivations , les fignifications propres & les liaifons étonnantes des Langues du Nord, telles qu'on les parle aujourd'hui , fe trouvent tous les jours dans le cas d'être frapés des lumieres que

été confirmé par Frederic II. Roi de Danemarc , & plusieurs nouveaux

---

le petit reste de l'ancien Islandois répand dans ces sortes de recherches. Cette ancienne Langue du Nord est la clef de la Runique , de la Gothique , & en bien des cas de la Norwégeoise , Danoise & Suedoise. Elle rétablit quantité de mots perdus , & elle montre l'harmonie de ces Langues avec le Bas & le Haut-Allemand , le Hollandois , l'Angle-Saxon & l'Anglois , & même plus qu'on ne s'imagineroit l'harmonie de toutes ces Langues avec les Langues Asiatiques : car elle est la vraye *Asamaal* , c'est-à-dire , la Langue , que les *Asae* sous *Othinus &c.* ont apporté d'Asie dans le Nord , & l'on trouve à ce sujet un endroit très-remarquable cité du *Cod. Reg. Dan. Eddae Islandicae* , par *Otton Sperling* , dans son *Comment. de Lingua Dan.* pag. 33. V. aussi *Peringskiold Not. ad. Vit. Theodoric. Reg. Gothor.* pag. 353. Il seroit d'autant plus à souhaiter , que nous eussions un

Edits.

Edits. Frederic IV leur dernier Roi avoit chargé plusieurs personnes habiles de composer un nouveau corps de Droit, & de régler tout sur le pied de Norwége ; mais cet Ouvrage n'est pas encore fait. Les Juges prononcent en attendant selon les Droits que je viens de nommer, ensorte que les cas des successions & des Biens en fonds, surtout des Terres Seigneuriales, se décident selon le *Jons-bok*, les Affaires Ecclésiastiques presqu'entiérement selon le *Christna-Ræten* ; les formalités des Procès de même que les Affaires criminelles selon le *Stora-*

Dictionnaire bien complet de l'ancien Islandois, ou du moins qu'on pût complétter celui qui se trouve en Manuscrit à Copenhague dans la Bibliothéque du Roi, & qui est composé de plusieurs Volumes *in folio*, mais où il manque deux Lettres. Je suis persuadé qu'avec un pareil secours, on feroit des découvertes incroyables pour l'Harmonie des Langues.

*Tome I.* B b

*Dommen*, & d'autres cas selon les Edits modernes & selon les Coûtumes du Pays ; ce qui ne laisse pas de causer souvent beaucoup de confusion dans la façon de procéder * ; D'un autre côté il n'y a pas d'apparence que les Procès soient bien importans , vu la pauvreté des habitans de cette Isle. Il y en a eu quelquefois entre les Evêques & les *Voogds* ; mais ils ont été portés im-

* Ceci n'est pas difficile à concevoir, & voici ce qu'en dit *Hoier* dans son *Idea Jurisconsulti Danici*, p. 1. §. 7. *Quæ omnia efficiunt ut Jurisprudentia Islandica , maxime autem processus sit longe perplexior apud illos , quam in omnibus reliquis Danici aut Norwagici Regni Provinciis ;* c'est-à-dire : » Toutes ces circonstances font , » que la Jurisprudence Islandoise est » plus compliquée , & que surtout » leurs Procès sont beaucoup plus » embrouillés que dans toutes les au- » tres Provinces du Royaume de Da- » nemarc & de Norwége. »

médiatement au Roi : ces cas sont fort rares & doivent être très-couteux.

Les *Exécutions* tant dans le Civil que dans le Criminel sont faites par les Sous-Baillifs mêmes. On coupe la tête avec une hache, & l'on pend à une barre de fer qu'on fiche dans la fente d'un Rocher, & l'on accroche sans autre formalité le Patient, qui s'y tourmente souvent pendant assez longtemps avant de mourir. Les Femmes, qui ont mérité la mort, sont noyées dans un sac. Exécutions à mort.

Pour donner au Lecteur à juger de ce qui se passe dans la tête de ce Peuple grossier quand il se trouve transporté dans un nouveau monde, je finirai ma Relation par un trait d'un jeune Islandois de 14 ou 15 ans, que le Sieur M** avoit amené avec lui. Ce jeune homme arrivant aux environs de l'Isle de Hilgeland proche l'embouchure de l'Elbe, qui étoit le premier endroit ou le Vaisseau prit terre depuis son départ d'Islande, s'imagina que l'Eglise & les Maisons étoient des Rochers, & ne voulut Conclusion.

jamais croire qu'elles étoient des
ouvrages des hommes. Etant arrivé
à Glückstadt il ne sçavoit que penser des Edifices & de la quantité de
fenêtres qu'il voyoit. Mais ce fut en
arrivant à Hambourg où il resta tout
interdit en marchant dans les ruës,
tournant sa tête à droite & à gauche & ayant·la vue toujours fixée
sur les grands Bâtimens qu'il mesu-
roit de ses yeux du haut en bas avec
un air effrayé & sans prononcer une
parole. Son Maître qui se divertissoit
de son embarras, s'avisa de le mener
avec lui à l'Opéra , pour voir quelle
contenance il tiendroit à ce Spectacle & quel jugement il en porteroit.
Il commença d'abord à l'Ouverture
à faire toute sorte de grimaces. Lorsqu'on leva la toile, il resta comme
pétrifié , sans détourner les yeux du
Théâtre, sans mouvement & même
sans répondre aux questions que son
Maître lui faisoit. Dans le cours du
Spectacle un Dragon qui jettoit feu
& flamme vomit sur la Scéne une
douzaine d'Acteurs habillés en furies
qui formerent un Ballet & le Dragon

disparut. Le pauvre Islandois se pré-
cipita sous son banc , & l'on ne put
jamais lui persuader d'en sortir. Il
persista toujours à dire que tout ce
qu'il venoit de voir étoit l'Ouvrage
des Diables , que la main des Hommes ne pouvoit produire ces effets ,
que c'étoit des vrais Diables qui
avoient dansé , qu'il n'avoit rien de
commun avec eux , qu'il vouloit
sortir de ce lieu maudit , avant
qu'ils approchâssent davantage &c.
On parvint à la fin à lui faire comprendre , que les Acteurs étoient des
hommes comme lui , & que les Dé-
corations étoient de leur main ;
mais on ne put jamais le détromper
sur ceux qui étoient sortis de la
gueule du Dragon. Il ne tarda pas
cependant à se former à nos usages,
Il réüssit fort bien dans l'Ecriture &
l'Arithmétique , & se comporta même avec esprit & jugement dans les
affaires du Commerce. Son Maître se
donna toutes les peines imaginables
pour l'instruire , & voulut l'établir
quelque-part dans le Pays de Holstein ou de Danemarc. Mais tous

ſes ſoins furent inutiles. La maladie du Pays qui ne l'avoit pas quitté depuis qu'il étoit ſorti de ſon Iſle le gagna entiérement : une morne triſteſſe accompagnoit toutes ſes actions , & ſon Maître fut obligé , crainte de le voir périr , de le renvoyer chez lui , ou il vit encore en bonne ſanté & faiſant fort bien ſon Commerce.

J'ai donné tout ce qu'il m'a été poſſible de ramaſſer au ſujet de l'Iſlande : je ſouhaite que ceux qui auront plus de loiſir & d'occaſions de s'inſtruire que je n'en ai ſe donnent la peine d'augmenter & de rectifier ces Remarques qui n'ont d'autre but que la gloire de Dieu & l'inſtruction des hommes.

F I N.

TABLE

# TABLE

## DES

## MATIERES

*Contenuës dans l'HISTOIRE NA-*
*TURELLE DE L'ISLANDE.*

### A



B b iiij

## B

K

## K



## L



## M.

## N.

## P.

### R.

## S.

## T.

*Fin de la Table.*